VAMOS REZAR JUNTOS?

Pe. Fabrício Rodrigues

VAMOS REZAR JUNTOS?

DEVOCIONAL

"O inimigo não quer que você reze, ele fará de tudo para que você se afaste deste livro. Ele tentará te distrair, impedir que você leia e colocará inúmeros obstáculos. Mas, preciso que você persevere e vá até o fim comigo."

Planeta

Copyright © Padre Fabrício Rodrigues, 2024
Copyright © Editora Planeta do Brasil, 2024
Todos os direitos reservados.

Preparação: Lígia Alves
Revisão: Fernanda Guerriero Antunes e Valquíria Matiolli
Diagramação: Claudia Lino Design Studio
Capa: Anderson Junqueira
Imagens de capa: Eduardo Enrique

As citações bíblicas foram retiradas da Bíblia de Jerusalém © 2002 Paulus. Todos os direitos reservados.

CIP-BRASIL. CATALOGAÇÃO NA PUBLICAÇÃO
ANGÉLICA ILACQUA CRB-8/7057

Rodrigues, Fabrício
  Vamos rezar juntos? : devocional / Fabrício Rodrigues. - São Paulo : Planeta do Brasil, 2024.
  240 p. : il.

  ISBN 978-85-422-2792-5

  1. Orações 2. Vida cristã I. Título

24-3290 CDD 242.2

Índices para catálogo sistemático:
1. Orações

MISTO
Papel | Apoiando o manejo florestal responsável
FSC® C112738

Ao escolher este livro, você está apoiando o manejo responsável das florestas do mundo

2024
Todos os direitos desta edição reservados à
Editora Planeta do Brasil Ltda.
Rua Bela Cintra 986, 4º andar – Consolação
São Paulo – SP – 01415-002
www.planetadelivros.com.br
faleconosco@editoraplaneta.com.br

Este livro foi composto em *Askan* e impresso pela Lis Gráfica para a Editora Planeta do Brasil em julho de 2024.

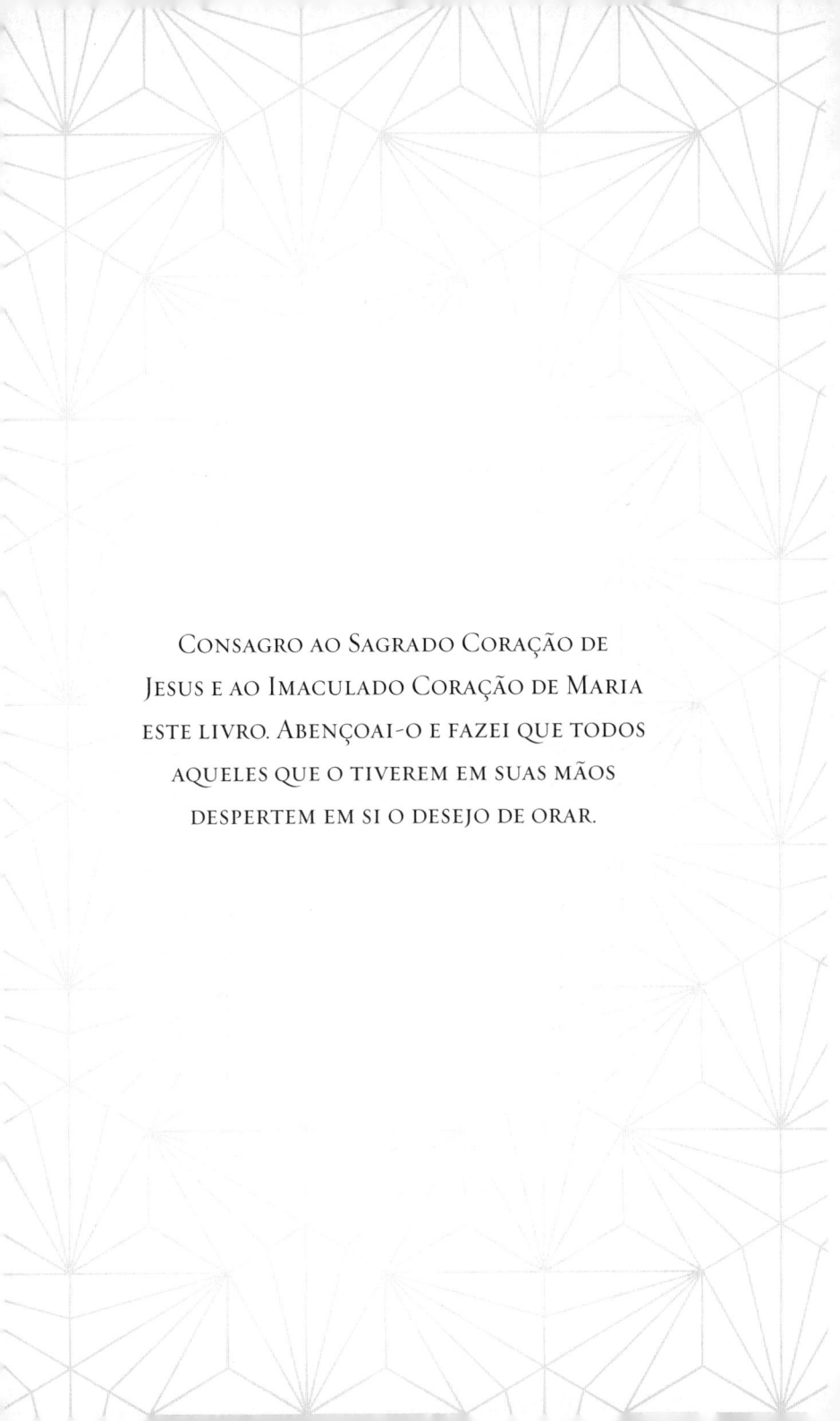

Consagro ao Sagrado Coração de Jesus e ao Imaculado Coração de Maria este livro. Abençoai-o e fazei que todos aqueles que o tiverem em suas mãos despertem em si o desejo de orar.

SUMÁRIO

Este livro nasceu de um convite de Deus 9
Deus me inspirou a escrever 13

Vamos rezar juntos? 19
O que é oração? 25
O mérito da oração é de Deus 33
Como rezar? 39
Escolha um local para orar 47
A oração é a fonte de todas as virtudes 53
A oração é a procura de Deus 57
A oração é a nossa maior riqueza 63
A humildade é o fundamento da oração 71
Se quiseres agradar o coração do teu Senhor, ora com humildade 79
A humildade de Maria 85
Dificuldades para orar 91
O pecado 99
Aridez espiritual 107
A preguiça é a mãe de todos os vícios 113
Nunca faça nada sem antes orar 123
Oração na Sagrada Escritura 129
Oração no Antigo Testamento 133

Orações poderosas no Antigo Testamento 139

A oração de Ana 139

A oração de Josué 145

A oração de Davi 151

A oração de Ezequias 154

A oração de Josafá 160

Oração no Novo Testamento 165

Orações poderosas no Novo Testamento 171

Oração do amor a Deus 171

Oração de perdão 179

Oração das lágrimas 185

A oração perseverante 193

Oração de agradecimento 199

Oração de Jesus e São Pedro 205

Maria é nossa mãe 213

A vida de oração precisa de Maria para o vinho não acabar 219

Conclusão e consagração da obra a Nossa Senhora 229

"Tu me seduziste, Iahweh,
e eu me deixei seduzir;"

Jeremias 20,7

ESTE LIVRO NASCEU DE UM CONVITE DE DEUS

Quando eu mais precisava de Deus, Ele me olhou nos olhos e me disse: "Vamos rezar juntos?".
Este livro nasceu de um convite de Deus.
Os tempos não eram fáceis. Eu andava inquieto com inúmeros acontecimentos. Estava necessitado de uma transformação. Sabia que não poderia permanecer no modo em que me encontrava. Passava horas perguntando a mim mesmo o que poderia fazer e onde deveria mudar. A resposta parecia que nunca viria, até que um belo dia, após o mesmo questionamento, ouvi uma voz doce e suave a me dizer: "Vamos rezar juntos?". Deus me chamou para rezar e eu aceitei.
O meu primeiro desejo foi atender o convite e apenas orar. Aquele convite me seduziu de tal forma que eu não poderia deixar para depois. Deus combateu contra mim e me venceu. Deus me seduziu e eu me deixei seduzir, foi mais forte do que eu. Deus esperou o momento ideal para me dar um golpe certeiro e me feriu. Fui ferido de amor.
Descobri que o amor divino também era reservado para mim, e não apenas para alguns poucos, e que precisava me reencontrar nesse amor. Paralisado por minhas limitações, perdi o referencial de mim mesmo a tal ponto que me julguei

indigno de Deus e, portanto, impossibilitado de rezar. Afinal, quem seria digno de tamanha santidade? Quem poderia rezar como convém? E Deus foi me revelando que a oração é para os necessitados como eu era.

Deus havia me escolhido para uma vida mais íntima, um convite que não era exclusivamente meu, pois todos são chamados à intimidade de Deus. Só que a palavra de Deus fala diretamente conosco. Mesmo quando estamos em multidão, Deus nos fala em particular.

Desde pequeno a semente de Deus foi semeada em mim. Cresci no lar de Nossa Senhora Aparecida e aprendi a amar o Coração de Jesus. Eu tinha um modo de orar, aprendido no seio do meu lar e na casa do Senhor, que é a Igreja. Só que a oração havia se mecanizado em mim.

Por vezes pensamos orar enquanto na verdade estamos apenas repetindo palavras vazias de sentido e de significado. Se a nossa vida e tudo o que nos faz ser quem somos não estão contidos na oração que realizamos, essa oração vai perdendo o sentido para nós.

O Senhor foi me amando, me envolvendo com sua misericórdia e me ensinando a orar. E muito que me era oculto sobre oração foi sendo revelado. Ele me ensinou a orar orando comigo. Quanto mais tempo passo com Deus, mais aprendo a orar.

Uma coisa é o que aprendemos a orar, e outra é o modo como oramos. Fui descobrindo, então, que eu precisava aprender o meu jeito de orar em particular.

O que precisamos aprender em primeiro lugar é a ouvir, pois oração se aprende ouvindo. Antes de mais nada, orar é saber ouvir a Deus. Ele conduz a oração. A voz de Deus não pode ser oculta para nós. Nós constantemente fechamos os ouvidos à Palavra que Deus nos dá por causa de péssimas escolhas. Então, só há um caminho para conhecer a Deus, e esse caminho é o da oração.

Para nos ajudar a conhecê-lo, Deus se revela ao nosso coração. A iniciativa é toda dele. Deus sempre se move por caminhos de oração, e a nossa tarefa é simplesmente facilitar que Ele se aproxime e cresça em nós. É preciso que Ele cresça e que nós diminuamos. Orar é isso, é deixar Deus crescer em mim. Orar é perder um pouco de mim para encontrar tudo dele. Só quem se dá a Deus recebe a si mesmo de volta.

> SE A NOSSA VIDA E TUDO O QUE NOS FAZ SER QUEM SOMOS NÃO ESTÃO CONTIDOS NA ORAÇÃO QUE REALIZAMOS, ESSA ORAÇÃO VAI PERDENDO O SENTIDO PARA NÓS.

Deus se manifesta de acordo com as possibilidades que concedemos a Ele. Deus está à nossa volta, nos cercando de carinho e proteção. Ele nos procura e quer falar conosco. O que não podemos permitir é que nossos limites impeçam Deus de agir. O Senhor se revela de maneira particular a cada pessoa e a chama para orar. Dessa forma vai mostrando suas vontades, seu amor e sua misericórdia.

O Senhor semeia em nosso coração sementes de oração. Nosso desafio é fazer essas sementes germinarem em nós e florescerem. Deus quer falar conosco face a face, e nos fala diariamente. Toda vez que nos deixamos ser encontrados e facilitamos a proximidade, a sua voz se torna mais audível. Deus acontece na vida de quem ora. O Destino de quem ora é a eternidade, é o próprio Deus. É impossível chegar a Deus sem a oração.

DEUS ME INSPIROU A ESCREVER

O Senhor me chamou a orar. Todos os dias, dedico tempo à oração e assim sempre dou um passo a mais em direção a Deus. A oração começou a transbordar em mim, e eu comecei a repetir o convite de Deus para todos os que me rodeiam. "Vamos rezar juntos?" tornou-se o meu modo de viver.

Conforme o tempo foi passando e as orações foram acontecendo, o Senhor foi me dando sinais de que eu precisava ir além do que estava sendo feito. Além de orar, Ele queria que eu falasse mais sobre oração. O mundo está se perdendo porque não está orando. As pessoas precisam de oração.

Deus foi me revelando, então, o que eu mais precisava aprender sobre oração. Colocou-me em contato com obras inspiradoras. O meu grande livro de inspiração foi a Sagrada Escritura. Diariamente tenho o prazer de ler os Textos Sagrados, nos quais é revelada toda a história de amor de Deus, e da salvação que Ele operou. Deus opera em mim por meio dos Salmos, que são minhas orações diárias, e da Liturgia que celebro. O meu desafio foi dar passos mais profundos e rezar toda a Sagrada Bíblia. É por isso que este livro está imerso na Palavra de Deus.

A Palavra de Deus nos revela a necessidade da oração. Nela nós lemos "[...] necessidade de orar sempre, sem jamais esmorecer." (Lc 18,1), "Vigiai e orai, para que não entreis em tentação; [...]" (Mt 26,41), entre outros textos que nos falam sobre a oração. Na verdade, toda a Sagrada Escritura é uma grande oração.

Outra obra importante na construção deste livro foi o Catecismo da Igreja Católica. O Catecismo é uma exposição de fé da Igreja e da doutrina católica, testemunhadas ou iluminadas pela Sagrada Escritura, pela Tradição apostólica e pelo Magistério da Igreja. Ele me serviu de referência segura e autêntica daquilo que a Igreja ensina e que é oferecido a todos os fiéis que desejam se aprofundar no conhecimento das riquezas inexauríveis da salvação.

Os santos da Igreja foram um grande auxílio, principalmente Santo Afonso Maria de Ligório, com sua obra *A Oração*. Ele é conhecido por ser o Doutor da oração. Santo Afonso foi um homem de profunda oração; dizem que, em média, ele orava oito horas por dia. Com ele aprendi que eu necessitava orar mais e fazer da oração uma realidade presente em todos os dias da minha vida. Além disso, aprendi a falar, escrever e pregar sobre a oração.

NADA É IMPOSSÍVEL PARA QUEM ORA.
DEUS NOS ENSINOU A PEDIR E NOS REVELOU
QUE, PELA ORAÇÃO, PODEMOS ALCANÇAR
TODAS AS GRAÇAS DE QUE PRECISAMOS.

Este livro indica um caminho a ser percorrido. Tem início no conhecimento da oração, o momento em que descobrimos o que é orar e a importância de nossas orações. A oração é a chave que abre para nós todos os tesouros celestes.

Nada é impossível para quem ora. Deus nos ensinou a pedir e nos revelou que, pela oração, podemos alcançar todas as graças de que precisamos.

Se não aprendermos a orar, tudo será inútil para nós. Nada tem valor se antes não rezarmos, a vida perde o significado. Uma vida sem oração é uma vida de infidelidade a Deus. Sem oração, sucumbiremos. Como dizia o Padre Pio, "O Homem sem Deus é um ser mutilado".

O que queremos é conciliar aquilo que aprendemos sobre a oração nessas diversas obras com aquilo que aprendemos a partir de nossa própria experiência, transformando essa soma no que só se pode descobrir na intimidade com Deus, quando apagamos as luzes e oramos ao Pai em segredo.

Hoje, vemos que as pessoas estão deixando de lado a oração. Quanto mais o tempo passa, menos as famílias oram. Os tempos estão cada vez mais difíceis porque se reza pouco. Mas só por meio da oração poderemos alcançar a salvação.

Sem oração, jamais chegaremos ao conhecimento de Deus. O Senhor se distancia devido à nossa falta de fé e de oração. Daí a necessidade de nos voltarmos a Deus de todo o nosso coração, dirigindo orações a Ele. É preciso ter empenho para buscar a pureza de coração, um coração no qual Deus possa se revelar verdadeiramente. Só os puros de coração verão a Deus.

Deus é amor, e esse amor quer a nossa oração. São Paulo, escrevendo a Timóteo, diz: "Eu recomendo, pois, antes de tudo, que se façam pedidos, orações [...]" (1 Tm 2,1). O amor e a oração são as primeiras obras de nossa vida. Quem ama ora. Quem ora recebe a verdadeira vida que só Deus pode conceder.

O problema é que nem sempre conseguimos orar, pois inúmeros são os obstáculos que nos impedem de agir como deveríamos. Com isso, vamos nos enchendo de pesos. O pecado nos prejudica e nos separa de Deus, impedindo-nos de orar e de contemplar a face do Senhor.

A ORAÇÃO QUE REALIZAMOS É PROVA DE QUE TAMBÉM O AMAMOS.

Uma pessoa que não reza não chegará a Deus, não experimentará o seu amor e terá dificuldade até mesmo para pensar no Santíssimo. Essa pessoa não se sentirá amada por Deus e fugirá de sua presença.

Nós somos o que rezamos. Não somos fruto do acaso, somos fruto de nossas orações. A maneira como levamos a vida revela o modo como cremos e oramos. O homem foi formado de tal modo que tudo de que ele precisa vem do próprio Deus, que é a nossa grande fortaleza.

Encontramos pessoas que não conseguem se entregar a uma experiência profunda de Deus porque não estão dispostas a mudar de vida. Essas pessoas se acostumaram com a vida que levam e não têm desejo de mudança. No entanto, só consegue permanecer e crescer em oração quem está disposto a deixar Deus modelar a sua vida. Não é possível orar e permanecer a mesma pessoa.

Os desconfortos da vida não podem impedir a compreensão de Deus e daquilo que Ele nos pede. Os contextos nos quais estamos imersos devem ser um empurrão para Deus. "E nós sabemos que Deus coopera em tudo para o bem daqueles que o amam [...]." (Rm 8,28) Devemos ousar conhecer a Deus pela via de uma revelação íntima e superior à que só se chega através da oração.

Somos convidados a adentrar o coração de Deus, e retirar do caminho o que ainda nos impede de chegar ao seu coração. Deus se antecipa e vem ao nosso encontro, e nós respondemos com oração. Quem ora começa uma nova vida, pois encontra o amor de sua história.

Este livro é um caminho para quem deseja conhecer um pouco mais de Deus e descobrir como chegar até Ele pela oração. Apresento aqui um Deus que deseja a nossa oração. Deus nos proporciona encontros com o objetivo de nos amar ainda mais. Deus é amor, pois nos ama infinitamente. A oração que realizamos é prova de que também o amamos.

É preciso sair das nossas convicções, deixar de pensar que já sabemos o que é oração e que já sabemos orar para adentrar o território da experiência de Deus, permitindo-lhe mostrar a sua verdadeira face, que certamente ainda não contemplamos.

Cada ser humano precisa viver o seu próprio caminho de oração. Sem se separar da Igreja, mas criando uma estrada para Deus. Se quisermos chegar a Jesus, o primeiro passo é a oração.

"Orai sem cessar. Por tudo dai graças, pois esta é a vontade de Deus a vosso respeito, em Cristo Jesus."

1 Tessalonicenses 5,17-18

VAMOS REZAR JUNTOS?

Pelo sinal da Santa Cruz,
livrai-nos, Deus, Nosso Senhor, dos nossos inimigos.
Em nome do Pai, e do Filho, e do Espírito Santo.
Amém.

Vinde Espírito Santo, enchei os corações dos vossos fiéis e acendei neles o fogo do vosso Amor. Enviai o vosso Espírito e tudo será criado, e renovareis a face da Terra. Oremos: Ó Deus que instruíste os corações dos vossos fiéis, com a luz do Espírito Santo, fazes que apreciemos retamente todas as coisas segundo o mesmo Espírito e gozemos da tua consolação. Por Cristo Senhor Nosso. Amém.

Senhor, meu Deus, profundo amor de minha alma. Venho a ti neste momento para pedir que me guies na leitura deste livro, e com ele me faças rezar e te amar cada vez mais. Não quero que sejas apenas mais um livro que eu leia apressado, mas que eu possa parar e saborear cada frase que nele houver, de tal modo que eu consiga rezar a todo instante e obter maior riqueza para minha alma. Tu és a minha riqueza, meu tesouro. Eu estou à procura de ti, meu Deus. Sei que poderei te encontrar neste livro. Que meu amor por ti aumente a cada oração, meu coração fique abrasado e teu fogo me incendeie. Abre e purifica a minha mente para que eu pense somente em ti e nada me distraia enquanto eu passo esse tempo contigo. Sei que o inimigo fará de tudo para retirar-me dos lugares que preparas para mim. Mas me agarro em ti, meu Deus, e peço forças para não desistir. Purifica meu coração, para que eu esteja pronto para mudar tudo o que for preciso. Se eu tiver dificuldades, me ajuda. Se eu não souber, me ensina. Se eu parar, me leva pela mão. Se eu pensar em desistir, me socorre e não permitas tal coisa. Quero que esta leitura seja o caminho para chegar a ti. E que, após rezar com estas páginas, eu esteja pronto para gritar ao mundo inteiro como eu te amo e quero te amar cada vez mais através da oração.

Amém.

Nunca leia este livro sem antes fazer algumas orações e pedir que o Espírito Santo lhe guie por estas páginas.

Preciso avisar você de que esta leitura será uma grande batalha espiritual. O inimigo não quer que você reze; ele fará de tudo para que você se afaste deste livro. Ele vai tentar distrair você, impedir que leia e colocará inúmeros obstáculos em seu caminho. Mas eu preciso que você persevere e vá até o fim comigo. Quando for ler, Deus o guiará pela mão. Confie no Senhor. Para se proteger em toda essa batalha, todas as vezes que for se colocar em oração com este livro, inicie com a oração de São Bento e uma oração a Nossa Senhora.

Oração de São Bento

A Cruz Sagrada seja a minha luz, não seja o dragão o meu guia. Retira-te, satanás! Nunca me aconselhes coisas vãs. É mau o que tu me ofereces. Bebe tu mesmo os teus venenos!

Oração a Nossa Senhora

Santíssima Virgem Maria, meu auxílio poderoso, não me permitas dar um passo sequer sem a tua presença. Te convido a estar sempre comigo, principalmente agora, quando desejo conhecer ainda mais o teu Filho Jesus. Eu te peço, como um filho necessitado de sua mãe, venha comigo:

Ave Maria, cheia de graça, o Senhor é convosco; bendita sois Vós entre as mulheres e bendito é o fruto do vosso ventre, Jesus. Santa Maria, Mãe de Deus, rogai por nós, pecadores, agora e na hora da nossa morte.

Amém.

**O caminho é longo,
mas o destino é Deus.**

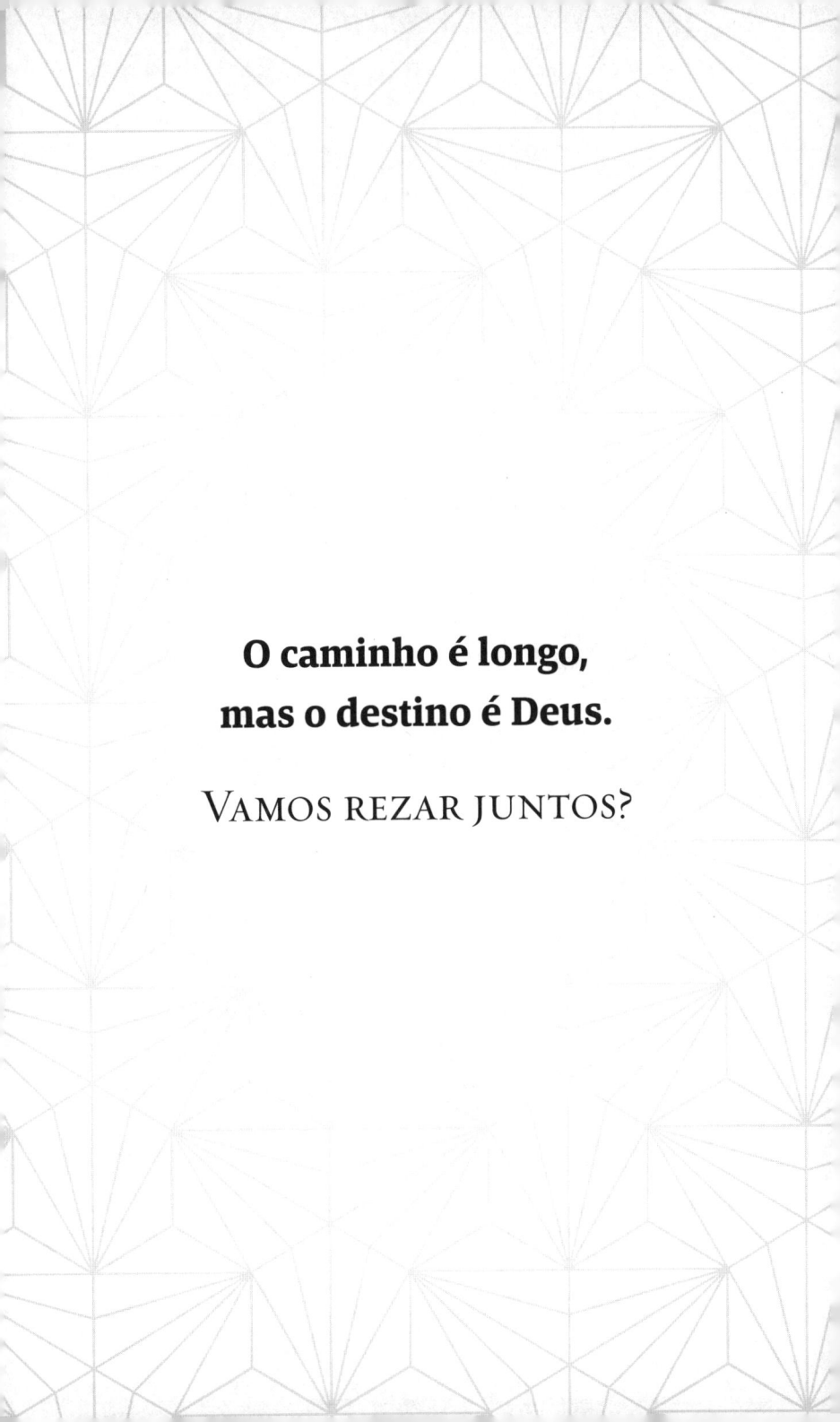

Vamos rezar juntos?

> "Perseverai na oração [...]"
>
> Colossenses 4,2

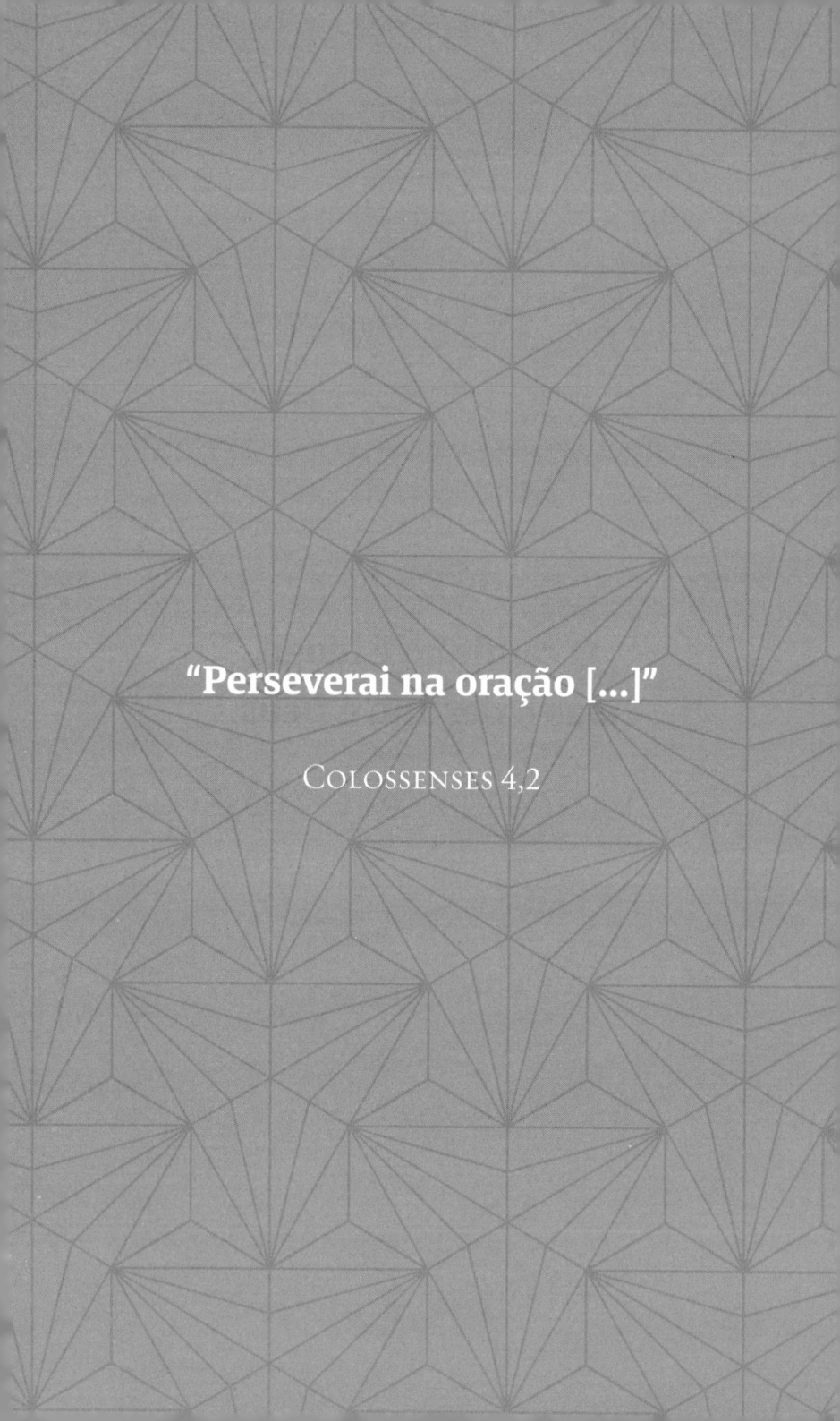

O QUE É ORAÇÃO?

A oração é a mais profunda necessidade da alma. Só Deus, infinito e todo-poderoso, pode habitar e satisfazer a alma humana. Através da oração, Deus resolveu estabelecer o seu lar. A morada de Deus é o coração que reza, que busca por Ele constantemente. O coração humano foi criado de tal maneira que só Deus o pode preencher. Quer saibamos, quer não, Deus é o grito profundo que nossa alma lança aos céus. Enquanto não o encontrarmos, estaremos insaciados.

O Salmo 63 nos revela quão necessitados somos do Senhor:

> "Ó Deus, tu és o meu Deus, eu te procuro.
> Minha alma tem sede de ti,
> Minha carne te deseja com ardor,
> Como terra árida, esgotada, sem água.
> Sim, eu te comtemplava no santuário,
> Vendo teu poder e tua glória" (Sl 63,1-2).

O Salmo diz "Minha alma tem sede de ti". A oração é a busca de Deus. É o desejo de saciar essa sede. Quando oramos, a nossa alma é levada à fonte de água da vida, então experimente o que em nenhum outro lugar poderá encontrar. Só Deus pode saciar você, só a oração pode preencher seu coração. Temos fome e sede de Deus, e pela oração temos um banquete. Não busque em outros locais o que somente na oração você pode encontrar.

Somos terra árida, esgotada, sem água, incapaz de fazer algo germinar ou frutificar. A oração fecunda a terra de nossa existência, e a partir de então nasce a vida da graça. O Deus da vida nos concede a vida dele quando a oração sai de nossos lábios. A sua oração é o que faz você viver. A sua vida começa vagarosamente quando a oração acontece.

Nascemos da oração e para orar, e só quem ora é capaz de experimentar a verdadeira vida. Experimente orar todos os dias, sem falhar, e verá como tudo será transformado. A oração transforma tudo o que alcança. É o coração que reza, e todo ser que possui esse coração.

A nossa vida é sustentada por Deus, e, quando perdemos o sentido da existência, precisamos recorrer urgentemente à oração. Na ausência divina, a vida ou não tem sentido ou o perde. Uma vida sem oração é uma vida vazia e errante sobre este mundo. Quem não reza não se encontra, não sabe quem é, perde pouco a pouco a sua referência de vida e verdade. Quem foi criado para Deus não pode se satisfazer com as coisas dos homens.

A ORAÇÃO TRANSFORMA TUDO O
QUE ALCANÇA. É O CORAÇÃO QUE REZA,
E TODO SER QUE POSSUI ESSE CORAÇÃO.

A nossa grande vocação é a santidade. Deus nos chama a participar de sua vida divina. Feitos a sua imagem e semelhança, devemos manifestar a glória de Deus em nossas vidas. O nosso princípio e fim é o próprio Deus, que se revela a nós e nos chama para recebê-lo. Embora esse dom ultrapasse as nossas forças humanas, já que não merecemos, Deus o faz por dom e graça.

Deus nos criou por amor. No mundo de imperfeição, a nossa alma vai sendo moldada e aperfeiçoada para nos aproximarmos do Senhor e sermos movidos por seu amor. Clame aos céus:

> "Senhor, conclui em mim a obra começada.
> Faz de mim um instrumento de tua vontade.
> Que eu seja moldado por teu amor e tua graça.
> Que toda imperfeição humana dê lugar à perfeição divina. Que, a cada dia que passar, eu possa ser cada vez mais teu, carregando tua vida em mim. Cresça a tua graça e diminua minha fraqueza. Faz que meu alvo seja a tua Glória e o dom da vida eterna".

A oração é o meio mais excelente de amar a Deus. De todas as obras criadas, a maior delas foi o dom de rezar. Pela oração, o homem tem o poder de abrir ou fechar o céu.

A oração depende primordialmente de Deus. É Ele que toma a iniciativa de falar conosco, exigindo, porém, a nossa resposta. Deus sempre se antecipa, nos busca e quer que também o busquemos. É por isso que a oração é o grande encontro entre Deus, que procura o homem, com o homem, que procura a Deus. A perfeita oração acontece nesse encontro.

Sempre é tempo de mudar, e, se você quiser recomeçar, vou lhe ensinar o meio mais eficaz de ter a vida transformada. Esse meio é a oração.

Toda a nossa vida depende da oração, pois é ela que nos insere em Cristo Jesus. O caminho da perfeição chama-se oração. Ela nos eleva até os céus e Deus se abaixar até nós.

A oração é um dom que Deus distribui a todos, e sem ela é impossível chegar a Ele. Os caminhos de Deus são caminhos de oração. Não há outro meio de chegar a Deus que não passe pela oração. Se você, pobre e indigno, quiser tocar o Deus infinito e todo-poderoso, simplesmente se incline e ore. A oração nos insere em Deus, nos faz participar da vida divina. Ela nos aproxima de quem amamos. Orar é o desejo de estar sempre em Deus.

Ela é o nosso grande mérito diante de Deus. Ao nos unirmos em Deus por vias oracionais, o amor se estabelece e assegura tudo o que realizamos diante dele e diante dos homens. Devemos ter em mente que os méritos são todos de Deus; nós somos os agraciados, pois tudo é dom, tudo é graça de Deus.

Quando nos decidimos por Deus, o Espírito Santo vem em socorro da nossa fraqueza, nos toma pela mão e nos conduz por caminhos nunca vistos. Só quem reza abre os olhos para enxergar Deus. Toda cegueira é encerrada quando, pela oração, entramos em contato com o Deus das luzes. Assim, como Jesus abriu os olhos dos cegos, ao orar, Ele abrirá os seus olhos.

Através da oração, o finito alcança o infinito. A nossa limitação toca o poder divino. O que antes parecia impossível torna-se possível. Assim, se não oramos, nada podemos.

Através da oração,
o finito alcança o infinito.

Somos frágeis, fracos, necessitados da força que vem do Senhor. Todos os sonhos e projetos nada serão se antes não entregarmos tudo a Deus. A Sagrada Escritura nos ensina que vem dele tudo recebemos: "Que é que possuis que não tenhas recebido?" (1Cor 4,7). Se Deus tudo nos concede, precisamos pedir, levantar as mãos aos céus e clamar, pois "todo dom precioso e toda dádiva perfeita vêm do alto e desce do Pai das luzes [...]" (Tg 1,17).

Só há esse meio de tudo alcançar de Deus, que é orando. Antes de tudo, devemos ser pessoas orantes. Pessoas que falam de oração e rezam bastante.

Sem oração, será inútil qualquer obra que empreendermos. Todos os sonhos e projetos não prosperarão se antes não rezarmos. Se não rezarmos, seremos infiéis a nós mesmos e a tudo o que pensarmos realizar. Ao orarmos, Deus toca o nosso coração e nos move.

Nada podemos sem Deus; sem a graça divina, nada o homem pode. Se Deus não está conosco, já entramos vencidos em qualquer batalha. Somos frágeis, necessitamos da força do alto.

Se você está se sentindo fraco, sem forças, sem vontade de lutar, olhe para o céu e peça a Deus o dom de rezar.

> **Vamos rezar juntos?**

ORAÇÃO PARA PERMANECER NA VONTADE DE DEUS

Senhor, te peço, se não estou em tua santíssima vontade, me põe nela. Mesmo que eu resista, que eu tenha medo e fuja, me resgata por teu amor. Que meus desejos sejam os teus, pois só tu sabes o que é melhor para mim. E, quando enfim estiver em tua vontade, me faz perseverar, que tua graça me conserve para não mais me afastar.

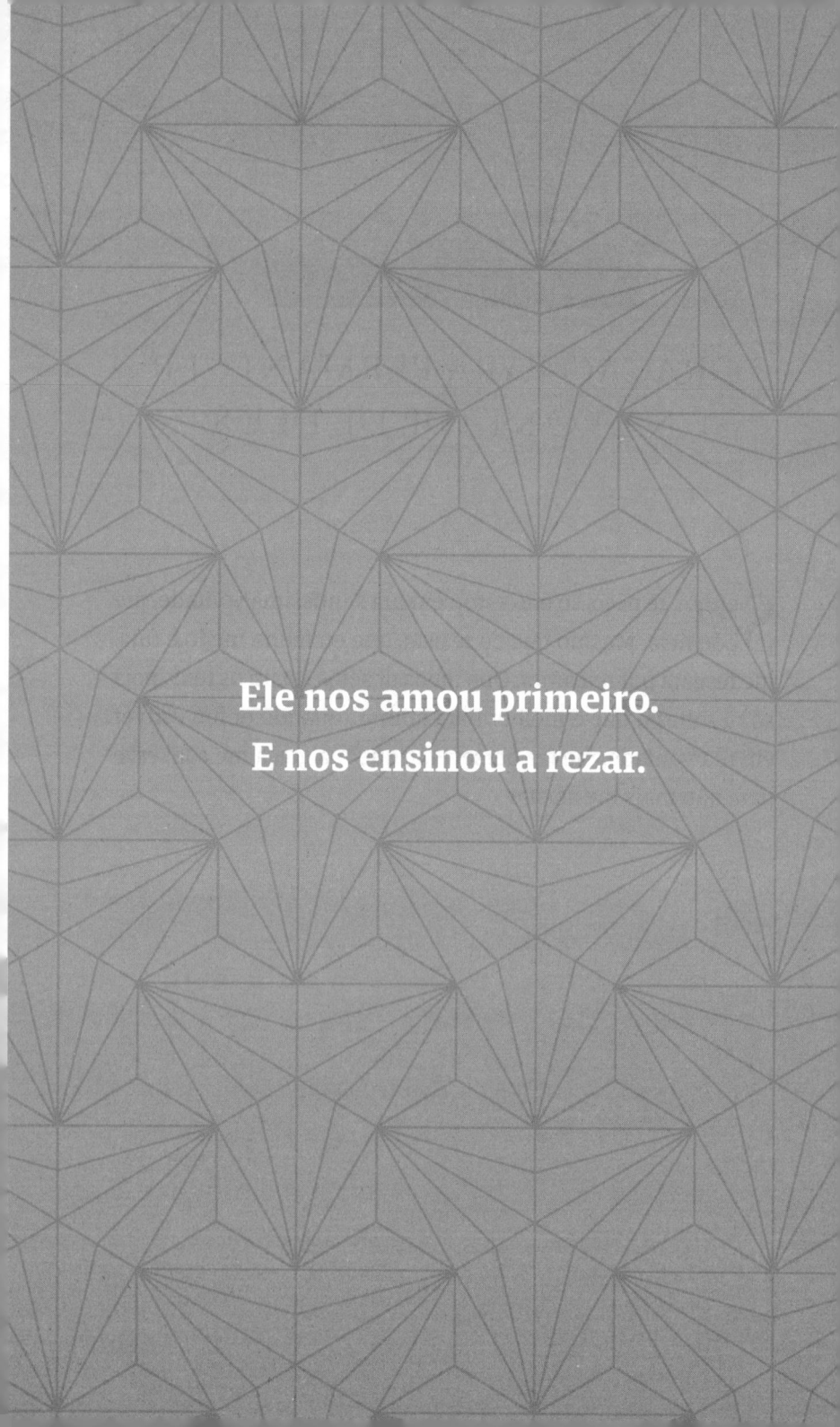

Ele nos amou primeiro.
E nos ensinou a rezar.

O MÉRITO DA ORAÇÃO É DE DEUS

Deus nos amou primeiro e, de tanto nos amar, nos ensinou a orar. A oração é a resposta de amor que podemos oferecer ao nosso Deus. Ela é a resposta ao Senhor, que primeiro se deu a nós. Não existe pessoa alguma que tenha orado por iniciativa própria, sem que antes houvesse a iniciativa de Deus. Podem até pensar que simplesmente sentiram no coração o desejo de rezar e se lançaram em oração. Mas todo o desejo de oração foi dado por Deus. Só o Senhor pode nos permitir rezar.

O homem, por si só, não é capaz de orar. Não tem forças para a oração. Só pode chegar a orar por graça de Deus, porque a oração é pura graça de Deus. Ninguém, por si só, é capaz de gerar a própria oração.

Querendo ficar mais próximo de você e fazer você permanecer com Ele, o Senhor convida você e o ensina a orar. O Senhor te escolheu para criar em ti um coração que seja o lar da oração; um lugar sagrado, onde Deus faz morada. Sim, a oração faz do nosso coração o lar do Espírito Santo. E, todos os dias, a sua missão será voltar-se para esse coração repleto de Deus e orar sem cessar, sem desanimar, sem parar.

Deus criou o caminho da oração e te chama; aprenda a andar com os passos de Deus. Oração é escolha, de um Deus que escolheu estar com você e de você que escolher dizer sim ao Senhor. Mas observe que o chamado e o primeiro passo não foram seus; foi um passo divino.

Quando Deus chamar, não tenha medo de se entregar. Deus sempre nos surpreende. Ele quer fazer algo que te agrade. Se ainda não te chamou para orar, Ele vai chamar. A oração é um convite universal, e o seu coração foi criado com o chamado ao amor que ora. Deus quer a sua oração; Ele tem saudade da sua voz. Já deu inúmeros passos em sua direção, e cabe a você fechar os olhos e dizer bem alto:

> "Sim, Senhor, eu escutei a tua voz, eu te ouço agora, meu Deus. Eu tinha medo de que jamais pudesse ouvir tua palavra em minha direção. Pensei que fosse tão indigno que não poderia me aproximar do Santo dos Santos. Agora que te ouço, não me permitas deixar de te ouvir e seguir teus passos. Me deixa sempre em tua presença. Que eu nunca mais me afaste de ti. Quando eu mais precisava do teu amor, tu me ensinaste a orar. Eu estou aqui, Senhor".

Não há nada de bom que não tenha sido Deus que nos tenha oferecido. Qual seria o nosso mérito diante de Deus? O que poderíamos ter feito de que possamos hoje nos gloriar?

Poderíamos acaso nos gloriar porque passamos tempo com Deus? Poderíamos nos gloriar dizendo que fizemos várias orações e que nunca falhamos nelas? Nem isso para nós é motivo de glória. Ninguém pode permanecer na presença de Deus e ser fiel à oração se não for pela graça divina. Além disso, quando concluir um momento de oração, antes de pensar em gloriar-se, recorde-se de Lucas 17,10: "[...] fizemos apenas o que devíamos fazer".

Ao orar, você não está fazendo um favor a Deus. É você que precisa dessa resposta de amor. Se quiser se vangloriar de algo, só lhe resta fazer como São Paulo e se gabar de suas fraquezas. Por que das fraquezas? Porque, quando sou fraco, é aí que a força de Cristo habita em mim.

A ação de Deus vem sempre em primeiro lugar, só depois é que podemos dar um passo em direção ao Senhor. Primeiro o agir divino, depois a resposta humana. De tal forma que tudo de bom é graça de Deus.

Quando fazemos algum bem, não o fazemos sozinhos. A única coisa que podemos fazer sozinhos é o pecado. O bem, não. Só temos capacidade de fazer o bem porque não estamos sozinhos. Ele está entre nós.

Diante de Deus, não temos mérito algum. Nem sequer saberíamos rezar se não fôssemos socorridos por Deus.

> "Assim também o Espírito socorre a nossa fraqueza. Pois não sabemos o que pedir como convém; mas o próprio Espírito intercede por nós com gemidos inefáveis, e aquele que perscruta os corações sabe qual o desejo do Espírito; pois, é segundo Deus que ele intercede pelos santos." (Rm 8,26-27)

Quando rezamos, a nossa oração é muito mais mérito de Deus do que nosso. Oramos porque Ele nos ensinou e nos chamou a orar. O nosso dever é permanecer fiéis às obras de Deus. Ele fez tudo por você, preparou tudo; basta agora que você se mantenha fiel, que não se afaste, que caminhe até o fim.

O amor de Deus é o nosso maior triunfo.

Vamos rezar juntos?

Salmo 115 (113B)
O ÚNICO DEUS VERDADEIRO

Não a nós, Iahweh, não a nós,
Mas ao teu nome dá glória,
Por teu amor e tua verdade!
Por que diriam as nações:
"Onde está o Deus deles?"
O nosso Deus está no céu
E faz tudo o que deseja.
Os ídolos deles são prata e ouro,
Obra de mãos humanas:
Têm boca, mas não falam;
Têm olhos, mas não veem;
Têm ouvidos, mas não ouvem;
Têm nariz, mas não cheiram;
Têm mãos, mas não tocam;
Têm pés, mas não andam;
Não há um murmúrio em sua garganta.
Os que os fazem ficam como eles,
Todos aqueles que neles confiam.
Casa de Israel, confia em Iahweh:
Ele é seu socorro e escudo!

Casa de Aarão, confia em Iahweh:
Ele é seu socorro e escudo!
Vós que temeis Iahweh, confiai em Iahweh:
Ele é seu socorro e seu escudo!
Iahweh se lembra de nós
E nos abençoará:
Abençoará a casa de Israel,
Abençoará a casa de Aarão,
Abençoará os que temem Iahweh
Os pequenos com os grandes.
Que Iahweh vos multiplique,
A vós e vossos filhos!
Sede benditos de Iahweh,
Que fez o céu e a terra.
O céu é o céu de Iahweh,
Mas a terra, Ele a deu para os filhos de Adão.
Os mortos já não louvam a Iahweh,
Nem os que descem ao lugar do silêncio.
Nós, os vivos, nós bendizemos a Iahweh,
Desde agora e para sempre!

"O Senhor está próximo!
Não vos inquieteis com nada;
mas apresentai a Deus todas as
vossas necessidades pela oração e
pela súplica, em ação de graças."

Filipenses 4,5-6

COMO REZAR?

O nosso coração deseja Deus e nem sempre consegue encontrá-lo. Não é que Deus não se revele; nós que não sabemos procurá-lo. Carregamos o desejo de rezar e, mesmo assim, não sabemos como rezar, o que falar, o que fazer para realizar uma boa oração.

A pergunta que persiste é esta: como rezar? Até mesmo os Apóstolos em determinado momento tiveram essa dúvida e pediram a Jesus que os ensinasse a orar. Ninguém nasce orando; todos aprendemos.

Nascemos com o coração voltado para Deus, só que precisamos caminhar até Ele.

E, se você deseja crescer na vida de oração, eu lhe pergunto: como está o seu amor por Deus? Você tem crescido no amor? Afinal, o primeiro passo da oração sempre é o amor. A oração nasce do amor. Compreenda que, para poder aprender a rezar, antes de mais nada, é preciso aprender a amar.

Se você quer orar, e elevar-se cada vez mais rumo ao céu, precisa amar e amar muito. O amor nos faz amigos de Deus e nos faz orar a cada momento de nossa vida. "Em toda ocasião ama o amigo." (Pr 17,17)

É o amor que nos faz orar. Orar consiste em amar, e amar muito.

Todo amor precisa de cuidados. Então, para orar é preciso preparar-se. A oração é um encontro entre o homem e Deus, mas antes de partir para a oração você deve partir em busca de si mesmo. É preciso acalmar os seus sentidos, descansar o coração. E isso pode levar alguns minutos apenas.

Se não se preparar para a oração, você não conseguirá rezar. Se não colocar os pensamentos em Deus, não conseguirá orar. Orar é colocar os pensamentos onde suas palavras são lançadas. Primeiro coloque o pensar em Deus, e só depois faça a sua oração. Isso ajudará a evitar as distrações.

> ORAR É COLOCAR OS PENSAMENTOS
> ONDE SUAS PALAVRAS SÃO LANÇADAS.

Após silenciar os pensamentos, é preciso ter um ato de fé. É preciso ter fé para poder rezar. A fé é uma virtude pela qual nós cremos em Deus. Sem essa virtude, é impossível chegar até Deus. É pela fé que o homem se entrega inteiramente a Ele. Se não tivermos fé, a nossa oração perde o valor. "Pois, em Cristo Jesus, nem a circuncisão tem valor, nem a incircuncisão, mas a fé agindo pela caridade." (Gl 5,6)

Existem aqueles que antes mesmo de iniciar o momento de oração já se encontram em dúvida. Essas pessoas começam a se questionar, elas se perguntam se a oração tem valor, se serão ouvidas e atendidas; elas se julgam indignas de orar.

Nunca se esqueça de que Deus deixou o dom de orar para que pudéssemos chegar até Ele. Sem orar é impossível chegar a Deus. Se Ele nos ensinou a orar, é porque nossa oração tem grande valor. Não espere se julgar digno para poder orar. Não somos dignos de Deus, somos necessitados dele.

Faça um ato de fé antes de iniciar a oração. Creia que Deus se faz presente, que te escuta. O Deus que nunca te abandona por acaso te abandonaria no momento da oração? É impossível, para o amor, esquecer o amado. Deus te ama a todo instante. Se por um pequeno momento Deus deixasse de te amar, você não resistiria e morreria. Vivemos e existimos porque o amor nos sustenta. "Sião dizia: 'Iahweh me abandonou; o Senhor se esqueceu de mim'. Por acaso uma mulher se esquecerá da sua criancinha de peito? Não se compadecerá ela do filho do seu ventre? Ainda que as mulheres se esquecessem eu não me esqueceria de ti." (Is 49,14-15)

Nunca deixe de orar, pois Deus jamais deixará de te ouvir.

Ao se preparar para a oração, feche os olhos, pense em Deus, sinta a presença dele e ore:

> "Amado de minha alma, meu Tudo.
> Amor que procuro, doçura que me acalma.
> Eu creio em ti, creio que te fazes presente
> neste lugar, que me amparas, que me escutas
> e que me olhas com ternura. Eu te amo, mas
> aumenta o meu amor para que eu te adore
> com mais fervor e reverência. Não sou digno
> de ti, pois tu és santo e eu um miserável
> pecador, e por isso peço perdão por todos
> os meus pecados para que o teu perdão me
> conceda a graça de poder rezar e colher ainda mais
> frutos de graça desse momento tão sublime.
> Santíssima Virgem Maria, minha mãe,
> intercede por mim para que que possa
> orar e me unir com teu Filho. Amém".

> SEM ORAR É IMPOSSÍVEL CHEGAR
> A DEUS. SE ELE NOS ENSINOU
> A ORAR, É PORQUE NOSSA ORAÇÃO
> TEM GRANDE VALOR.

Uma vez que a fé inflamou o seu coração, é preciso preparar o intelecto para orar. Você deve pensar em Deus e não desviar os pensamentos. O pensar em Deus já é o começo da oração. O pensar também é orar. Quando nossos pensamentos estão iluminados por Deus, o nosso coração já está repleto de disposição para orar. Pense em Deus agora, e alimente esse pensamento. Você pode pensar no quanto Deus te ama, na bondade infinita do Senhor, na Santa Cruz, no calvário ou em algum outro mistério e insistir nesse pensamento a tal ponto que Ele comece a ser um grande alimento para você.

Pensamentos impuros tentarão te assaltar. Resista. Lute e vença. Você precisa disciplinar os sentimentos e a imaginação, recusar os sentimentos impuros que desejam te desviar desse caminho.

Depois de tudo isso, acontece algo que parece contraditório: para orar é preciso odiar; a oração exige de nós amor e ódio. A oração exige um amor profundo a Deus que cresce a cada instante e um ódio a tudo aquilo que nos afasta de Deus. Amar o que te aproxima de Deus e odiar e desprezar o que te afasta dele. O que te afasta das orações? O que te impede de orar? O que você tem colocado no lugar de Deus? O que você tem amado que não o próprio Deus? Lance fora tudo isso. Retire da sua vida o que o impede de chegar até Deus.

O que te impede de orar é um pecado? Busque a confissão. O que te impede de orar é uma má companhia? Abra mão dessa companhia, para ter a companhia de Deus. Parece radical, mas não é. Quantas vezes você foi prejudicado e correu o risco de perder o céu por causa de pessoas que só te afastavam de Deus?

Para amar a Deus, precisamos estar decididos a renunciar a muitas coisas, inclusive a falsas amizades. É melhor perder uma companhia e ir sozinho para o céu, onde você terá a companhia de Deus, dos santos e dos anjos, do que ir acompanhado para o inferno.

Você vai precisar desagradar alguns para poder agradar a Deus. Há sempre aqueles que vivem como se Deus não existisse e que desejam que você viva da mesma forma. São essas pessoas cujo modo de ser vai desagradar ao Senhor.

Nem sempre a bênção de que precisamos está no que Deus dá; às vezes, está no que Ele retira de nós. Pode ser que isso cause sofrimento hoje, mas um dia você vai olhar para o céu e dizer: obrigado, Senhor, por ter feito do seu jeito.

É melhor estar sozinho com Deus do que acompanhado do inimigo. Tudo o que você perde por Deus valerá a pena no futuro. Recorde-se do que a palavra de Deus nos diz em Jó 8,7: "Teu passado parecerá pouca coisa diante da exímia grandeza de teu futuro".

Não se preocupe: quando você está na companhia de Deus, o próprio Deus lhe envia bons amigos. Então, se neste momento algo te separa de Deus e te impede de orar, deixe isso para trás.

Vamos rezar juntos?

Meu Deus, teu amor por mim não tem limites. Tu me amas tanto, e eu quero corresponder a esse amor. Quero ser todo teu. Coloco minha vida em tuas mãos. Retira de mim tudo o que ainda me impede te amar como deveria, meus pecados, falsas amizades, pensamentos desordenados. Tu amas o pecador e detestas o pecado. Me ensina a também detestar o pecado que eu tenha cometido ou que esteja pensando em cometer. Foi por causa dos pecados que tu morreste na cruz. Me dói o coração não te amar como deveria. Minha alma se funda na tristeza de saber que poderia te amar mais e ainda não ter alcançado esse amor. Eu quero e preciso te amar. Envia o teu Santo Espírito de amor para que eu te ame sem cessar.

Amém.

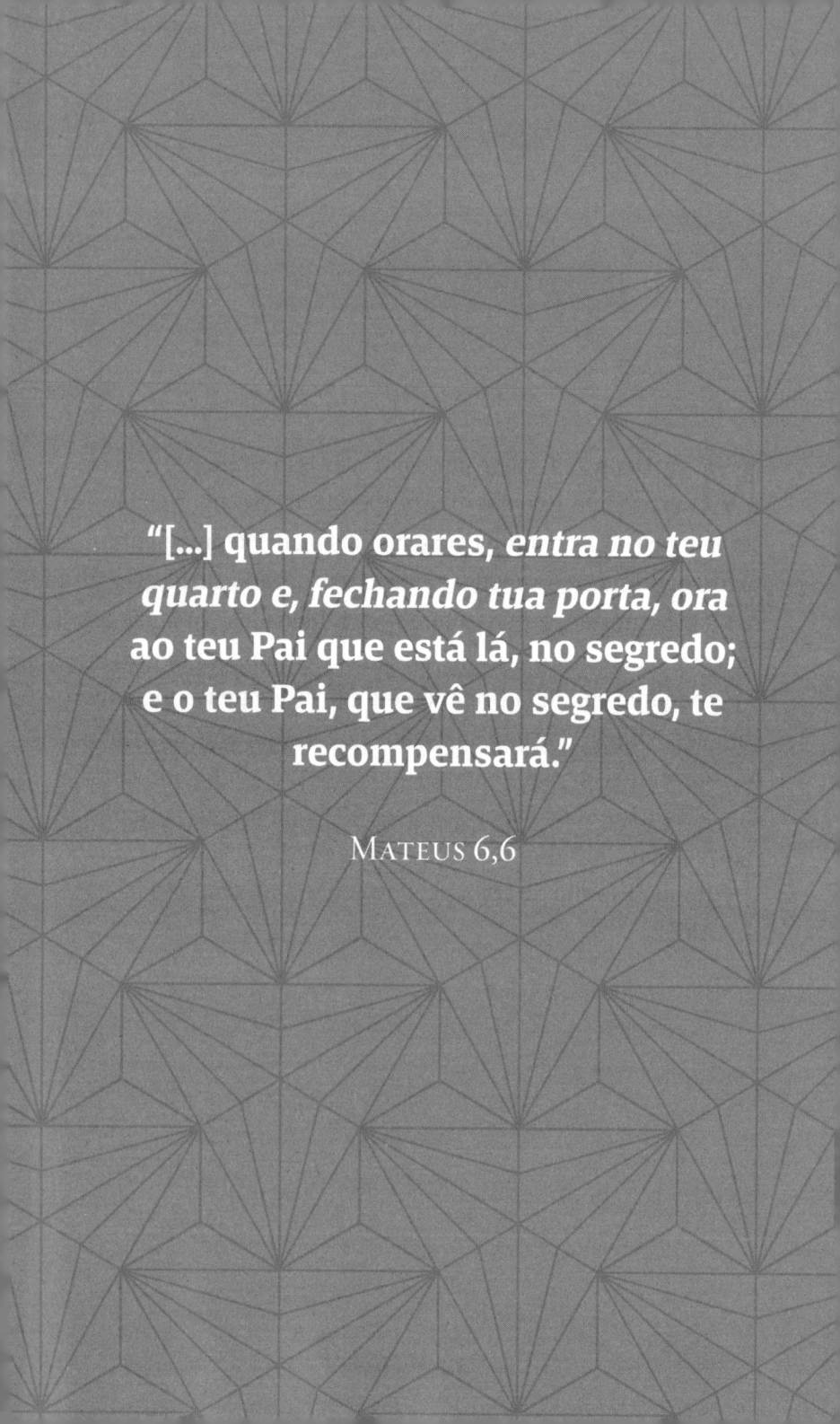

"[...] quando orares, *entra no teu quarto e, fechando tua porta, ora* ao teu Pai que está lá, no segredo; e o teu Pai, que vê no segredo, te recompensará."

Mateus 6,6

ESCOLHA UM LOCAL PARA ORAR

É importante que você tenha um local para orar. Não podemos orar de qualquer maneira. A oração deve ser preparada, e o local onde se reza é um auxílio poderoso. Sabemos que Deus às vezes nos surpreende e, em locais que não esperamos, Ele se manifesta e nós começamos a orar, mas isso não retira o dever que temos de preparar o encontro com Ele. Orar é encontrar-se com Deus. Todo encontro deve ser pensado, preparado e desejado.

Para orar, você precisa de um lugar onde não seja interrompido. Prepare um local que favoreça a sua intimidade com Deus. Muitos são os espaços favoráveis à oração. A verdade da sua oração depende também do local que você escolhe.

PREPARE UM LOCAL QUE FAVOREÇA
A SUA INTIMIDADE COM DEUS.

A Igreja é o local de oração por excelência. A Igreja, casa de Cristo, é casa de Oração. "[...] *Minha casa será chamada casa de oração.*" (Mt 21,13) Torna-se ainda mais um local privilegiado porque nela habita o próprio Deus. Jesus está vivo no sacrário, e podemos rezar face a face com Ele. Por isso, é importante que você tenha momentos de oração na Santa Igreja. Não apenas na Missa, mas em outros horários também. Procure a Igreja em um momento em que esteja silenciosa, fique diante do sacrário e ore. Crie intimidade com Deus sacramentado. Deus te espera no Sacrário. Ele te chama sem cessar. Seja capaz de ouvir a voz de Deus, que sempre procura por ti.

Em sua casa também deve ser preparado um local para oração. Um lugar que possa ser o seu recanto de oração, o seu lugar de encontro com Deus. Esse lugar pode ficar em um canto, uma sala, um quarto, depende muito de como é a disposição do seu lar. Ainda que seja num pequeno espaço, o seu cantinho de oração deve ser aquele local no qual todos os dias você se recorde de que é tempo de rezar. Deixe esse local sempre arrumado, para que não seja um espaço onde você reza e depois o retira. Deixar o lugar da oração sempre arrumado impedirá que você esqueça o que há de fazer.

O seu lugar de oração em casa reafirmará a presença do Senhor. Todas as vezes que você passar por esse lugar, sentirá ainda mais forte a presença do Espírito Santo, acalmando o seu coração e trazendo conforto à alma.

Caso a sua família seja grande, é importante que, além da oração pessoal, toda a família reserve um momento para orar unida. A casa que faz de Cristo a sua rocha jamais será destruída. Tempestades não são capazes de destruir um lar edificado no Senhor.

Quem tem Deus em casa não será jamais abalado. Essa pessoa não estará livre de dificuldades e tribulações, entretanto terá forças para tudo vencer.

Prepare esse lugar deixando nele a Sagrada Escritura, para que possa sempre com ela rezar. Você precisa ler mais a Bíblia, uma fonte inesgotável de oração. Quando reza, você fala com Deus; quando você lê a Bíblia, Deus fala com você. É importante ter a Sagrada Escritura presente não como um enfeite, mas como Palavra divina que, ao ser rezada, aviva o Espírito e alimenta a alma. A Sagrada Escritura é a força de Deus para a sua vida.

Além da Sagrada Escritura, tenha imagens dos santos. Essas imagens nos fazem recordar a vida e o exemplo que eles nos deixaram e nos levam a contemplar o que Deus opera naqueles que se entregam a Ele. A imagem favorece a oração; o olhar pousa sobre a imagem, mas o coração vai para Deus. Em nada uma imagem vai retirar Deus de sua vida. E existem até mesmo promessas deixadas por Jesus sobre imagens, como a promessa que Jesus fez a Santa Margarida Maria Alacoque: "A minha bênção permanecerá sobre as casas em que se achar exposta e venerada a imagem do meu Sagrado Coração". Se você ainda não possui nenhuma imagem, na primeira possibilidade leve uma para sua casa.

A vela é um elemento que você deve colocar no seu oratório, pois é o símbolo do Cristo Ressuscitado. Quando oramos, acendemos velas para que os nossos olhos possam permanecer fixos em Jesus, luz de nossa vida.

O santo rosário também deve estar presente no seu canto de oração. O rosário é uma arma poderosa que todo católico deve possuir e rezar. São Francisco de Sales ensinou que "o rosário é a melhor devoção do povo cristão". É uma oração que veio do céu; a Virgem Santíssima nos ensina e pede a oração do santo rosário, deixando promessas para todos aqueles que rezarem o rosário com devoção.

Outra coisa que você deve ter em casa é a água-benta. Muitos católicos não sabem o poder desse sacramental. Nunca fique sem água-benta em seu pequeno oratório. Entre seus efeitos, o mais importante é o de afugentar o inimigo. Nunca se esqueça de que o demônio é como um leão a rugir querendo devorar. Não permita que a sua casa seja destruída pelos espíritos malignos.

Além de afugentar o inimigo, a água-benta é poderosa para alcançar o perdão dos pecados veniais. Ela protege contra acidentes e ajuda a combater doenças. Por isso, tendo água-benta no seu canto de oração, sempre antes de iniciar a oração, toque essa água e faça o sinal da cruz, tanto para a sua proteção e bênção quanto para orar por outra pessoa, até mesmo por aquelas almas que estão no purgatório.

Procure um sacerdote, peça que ele abençoe a água para você e leve-a para o seu lar. Utilize essa água-benta em suas orações e depois, para abençoar o seu lar.

O que eu desejo que você compreenda agora é que só o fato de preparar a sua casa para orar já o fará repleto de bênçãos e promessas de Deus. Quem se prepara para Deus o recebe e permanecerá com Ele todos os dias da vida.

Deus está à sua espera; e você, o que espera? Por que tarda a arrumar o seu lugar de encontro?

A partir de hoje, tenha a firme decisão de transformar o seu lar numa casa de oração. Repita este versículo e tome posse dele: *"Minha casa será chamada casa de oração"* (Mt 21,13). Se desejar, afixe esse versículo no seu cantinho. Com a oração, todo o seu lar será salvo. Não tenha medo de proclamar: "Quanto a mim e à minha casa, serviremos a Iahweh" (Js 24,15).

Para abençoar ainda mais o seu lar, eu quero que você reze comigo agora esta poderosa oração de bênção:

Vamos rezar juntos?

Senhor meu Deus, eu venho a ti neste momento clamar o teu Santo Espírito que abençoes e permaneças sobre o meu lar e sobre toda a minha família.

Assim como o Senhor visitou e abençoou a casa de Abraão, de Isaac e Jacó, me visita agora, faz do meu lar a tua morada. Eu te peço que permaneças conosco. Não se afastes. Precisamos de ti. Guarda todos os teus filhos sob a tua mão protetora.

Derrama tuas bênçãos sobre essa casa e a protege contra todo o mal, seja físico, seja espiritual. O inimigo quer nos destruir, não permitas que isso aconteça. Venham os santos anjos trazer a tua paz. E que não haja divisão, brigas, falta de fé, e nenhum outro mal.

Te peço também, meu Deus, que todos os moradores deste lar possam ter a saúde preservada e tenham condições de te louvar. Eu te consagro todo o meu lar e minha família, pela intercessão da Bem-Aventurada Virgem Maria e no nome poderoso de Jesus Cristo.

Amém.

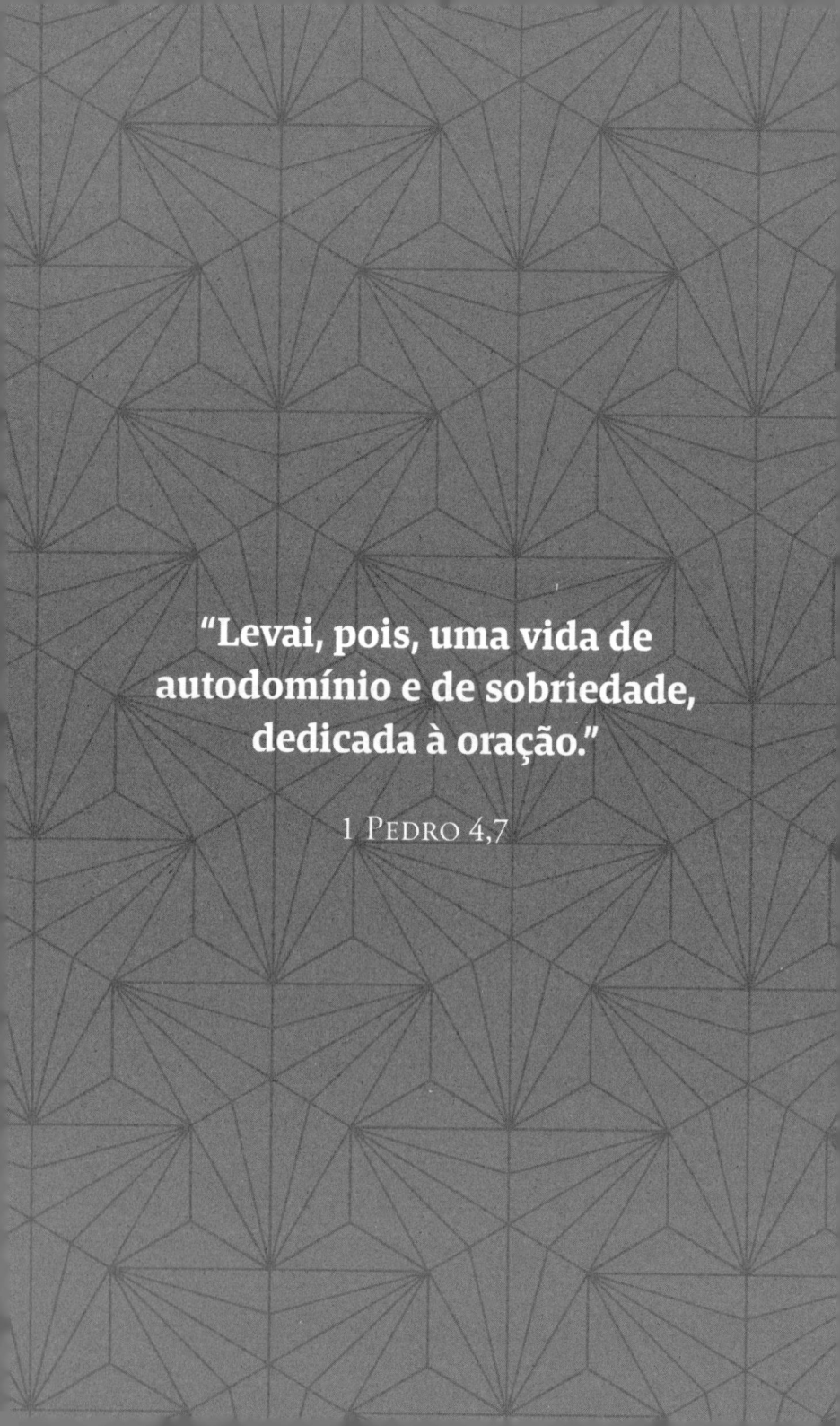

"Levai, pois, uma vida de autodomínio e de sobriedade, dedicada à oração."

1 Pedro 4,7

A ORAÇÃO É A FONTE DE TODAS AS VIRTUDES

A oração é a grande força que sempre nos move para o que é bom, verdadeiro e justo. Movidos pelo Espírito Santo que mora em nós, temos a possibilidade de extrair o melhor de nós mesmos.

O grande objetivo da oração é nos fazer cada vez mais semelhantes a Deus. A oração nos faz semelhante àquele que é fonte de todo o ser. É preciso orar até que Deus seja nossos pensamentos, nossos atos e nossa vida.

Antes de mais nada, oramos porque queremos ser como Deus é. Oramos para nos aproximarmos dele, ficarmos em sua divina presença. Queremos Deus. A oração guia todo o nosso ser, nossas vontades, atos, paixões e nos guia em todos os passos. A vida que levamos revela a oração que diariamente fazemos. Uma vida virtuosa é fruto de profundas orações. Carregando a inclinação para o mal, devido ao pecado original, se não dobrarmos os joelhos erraremos, cairemos e de Deus nos afastaremos.

Quem ora livremente caminha para Deus.

A oração guia os nossos passos. O homem que ora está sempre atento aos passos que dá. "Levai, pois, uma vida de autodomínio e de sobriedade, dedicada à oração." (1Pd 4,7) A oração guia todo o nosso agir. Se "Não há árvore boa que dê fruto mau, e nem árvore má que dê fruto bom" (Lc 6,43), assim também é impossível alguém que reza produzir frutos ruins. A oração gera frutos agradáveis a Deus. "[...] uma arvore é conhecida por seu próprio fruto" (Lc 6,44), por isso o homem deve ser conhecido pela oração que faz. Você quer saber como estão as suas orações? Observe os seus atos e os frutos que produz.

O homem que ora será sempre distinto de todos os outros. Esse homem está sempre corrigindo seus pensamentos e com retidão em suas obras.

Quem está cheio de Deus só pode falar de Deus. O homem bom possui um tesouro no seu coração: Deus é sua grande riqueza.

A oração é a nossa fortaleza. Sabendo que somos fracos, devemos a todo momento recorrer a Deus em oração. Sem a oração, nada alcançaremos, desistiremos na primeira tribulação da vida. A oração nos dá segurança quando estamos em meio a dificuldades. Ela nos concede a força para jamais desistir e resistir a tudo o que queira nos separar do nosso verdadeiro amor, que é Deus. Quanto maiores forem os medos, maiores deverão ser as orações. Não há medo que resista à oração. Nossa força provém da oração. "Minha força e meu canto é Iahweh, Ele foi a minha salvação." (Sl 118,14)

Orar é amar a Deus de todo o coração, de toda a alma e com toda a nossa força. É dedicar a Deus o amor total. Confiantes de que nada pode nos separar do amor de Deus, "pois estou convencido de que nem a morte nem a vida, nem os anjos nem os principados, nem o presente nem o futuro, nem os poderes, nem a altura, nem a profundeza, nem qualquer outra criatura poderá nos separar do amor de Deus manifestado em Cristo Jesus, nosso Senhor" (Rm 8,38-39). A oração me faz permanecer em Deus e Deus comigo.

Esse amor, um amor movido unicamente por Deus e para Ele, nos faz ser semelhantes ao nosso infinito amor.

Vamos rezar juntos?

Amado Jesus, eu poderia neste momento estar aqui pedindo saúde, bens e proveitos que se esgotam com o tempo. E, embora eu deles necessite, quero neste momento te pedir uma perfeita união nesta oração. Preciso unir-me a vós de todo o meu coração, de toda a minha alma e com todo o meu ser. Que meus pensamentos estejam unicamente em ti. Preciso unir-me ao teu amor para que eu faça as tuas vontades, e não as minhas. Pois só tu sabes o que é bom, justo e agradável. E assim eu esteja mais semelhante ao teu coração manso e humilde, e cheio de virtudes. Dá-me, meu Deus, poder para orar sempre e sem desanimar, até te alcançar, e depois orar para permanecer fiel, até o fim.

Amém.

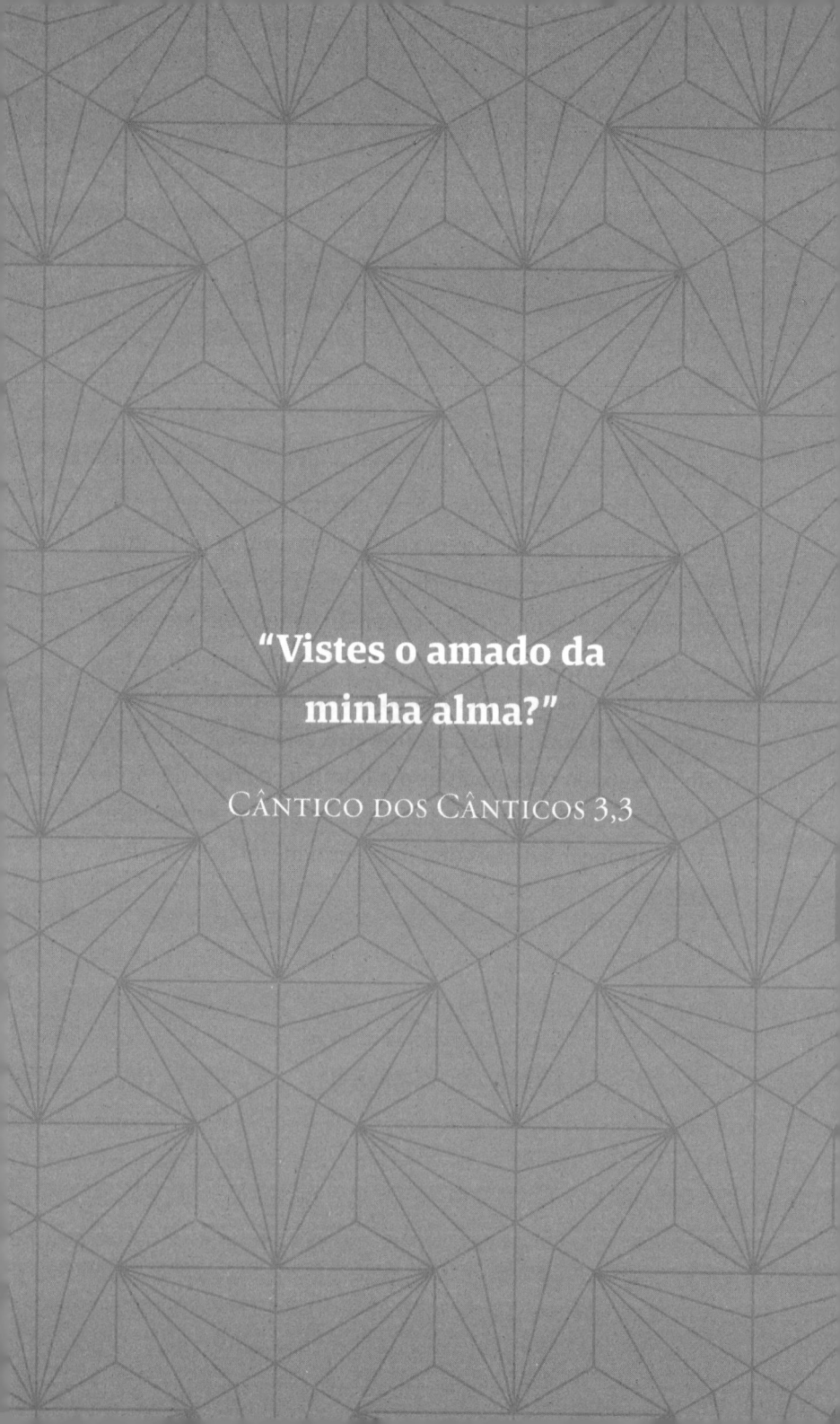

"Vistes o amado da
minha alma?"

Cântico dos Cânticos 3,3

A ORAÇÃO É A PROCURA DE DEUS

"Em meu leito, pela noite,
Procurei o amado do meu coração.
Procurei-o e não o encontrei!
Levantar-me-ei,
Rondarei pela cidade,
Pelas ruas, pelas praças
Procurando o amado da minha alma...
Procurei-o e não o encontrei...
Encontraram-me os guardas
Que rondavam a cidade:
'Vistes o amado da minha alma?'
Passando por eles, contudo,
Encontrei o amado da minha alma.
Agarrei-o e não o soltarei,
Até levá-lo à casa da minha mãe,
Ao quarto daquela que me concebeu.
Filhas de Jerusalém,
Pelas cervas e gazelas do campo,
Eu vos conjuro;
Não desperteis, não acordeis o amor,
Até que Ele o queira."
(Ct 3,1-5)

A oração é a procura de Deus. O desejo de uma alma que, afastada de seu grande amor, deseja voltar para Ele. A alma suspira por Deus, e busca por Ele constantemente. A busca de Deus não cessa. Mesmo aqueles que julgam não acreditar em Deus sentem o chamado para o alto. O céu nos atrai, pois o coração precisa desse amor.

Dia e noite, devemos lançar-nos em oração à procura do nosso amado. Deus nunca nos abandona. Em todos os momentos, Ele nos sustenta. É o pecado que nos afasta do amor. Precisamos procurar o Senhor não porque Ele se ausentou de nossa face; fomos nós que o abandonamos.

Para quem procura Deus, Ele se encontra na oração. Só orando você será capaz de encontrar o que tanto buscava.

O amor e o desejo de Deus devem ser as maiores forças a mover nossa oração. Por que oramos? Por que amamos. Por que oramos? Porque desejamos ardentemente estar com nosso amado. Nada pode mover tanto a oração quanto o amor. Enquanto com ele não estiver, não descansarei. Vou procurá-lo aonde preciso for.

A procura do amor não é fácil. Podemos não o encontrar tão logo o procuramos. O Cântico dos Cânticos dizia "Procurei-o e não o encontrei...". Deus quer que o busquemos com todo o nosso coração, por isso usemos todas as nossas forças nessa procura. Não deixe de buscá-lo. "Pelas ruas, pelas praças, procure o amor da sua alma." (Ct 3,2)

É preciso perseverar na oração. Não podemos desistir. Só quem persistir até o fim o encontrará. Um desejo divino cresce com a espera, inflama ainda mais o coração quando esperamos por Deus.

Se, não encontrando Deus, seu coração já se desesperou e desistiu, o amor ainda não era suficiente. O amor cresce com o tempo.

Oração é saudade de Deus, e o desejo de voltar logo para Ele. Procuro o amado de minha alma.

Quem já experimentou esse amor pôde sentir o coração inflamado, e sabe que não vai descansar enquanto com Ele não estiver. É a Deus que procuramos. Orar é buscar quem o coração deseja.

Me diga quanto você ora, e eu direi o quanto deseja Deus. Quem muito a Deus deseja muito ora.

Deus quer que o busquemos. Ele deixa pistas para que o encontremos. Busque constantemente. O amor não pode desistir, o amor não cansa. O amor revela forças até então desconhecidas. A ausência do amor nos fere.

> "[...] o meu amado se foi...
> Procuro-o e não o encontro.
> Chamo-o e não me responde...
> Encontraram-me os guardas
> que rondavam a cidade.
> Bateram-me, feriram-me,
> Tomaram-me o manto
> As sentinelas das muralhas!
> Filhas de Jerusalém,
> eu vos conjuro:
> se encontrardes o meu amado,
> que lhes direi? ... Dizei
> que estou doente de amor!" (Ct 5,6-8)

A ausência do amor nos fere. Dói a alma amar e não ter esse amor próximo. É como se a alma fosse pouco a pouco arrancada, triturada e separada de nós. O coração sofre e não sabe de onde vem a dor. A alma se angustia, e nada pode cessar a dor. Os pensamentos se embaralham. Só o amor pode devolver a nossa paz. O coração pulsa para quem ama. Ele se lança, ele busca. Ele acelera. Deus acelera nosso coração em sua direção, para que ainda mais apressados o busquemos.

Deus quer que o busquemos.
Ele deixa pistas para que o encontremos.
Busque constantemente.

Busque meu coração a Deus, não o pare de desejar. Mesmo ferido, ainda encontro forças para lutar. Mas, se o amor totalmente se ausentar, nada mais conseguirei.

Minha alma desfalece sem ti, meu Deus.

> "Onde anda o teu amado,
> Ó mais bela das mulheres?
> Aonde foi o teu amado?
> Iremos buscá-lo contigo." (Ct 6,1)

Eu te buscarei aonde preciso for, meu Deus, só não permitas que eu deixe de orar. A Deus nós buscamos de joelhos, e o encontramos em oração. Não quero tirar meu coração de ti, meu Deus. És o centro de todas as minhas buscas, és o amor que almejo. O consolo do meu coração, o desejo de minha alma. Acordado, que eu não deixe de te procurar; dormindo, que o meu coração vele e ouça o meu amado a bater e me chamar.

Deus é a recompensa dos insistentes. De tanto o procurarmos, em lágrimas e preces, Deus atende a nossa oração. Bate à nossa porta e nos diz: "Abre, minha irmã, minha amada..." (Ct 5,2). "[...] Levanta-te, minha amada, formosa minha, vem a mim." (Ct 2,10)

Deus é a recompensa de um coração persistente em oração.

Vamos rezar juntos?

Estou à tua procura, em meu leito ou fora dele, estou a te desejar, meu Deus. Ainda não te encontrei, mas sei que desejas que eu faça isso. Tu te escondes porque quer ser encontrado. Só te peço forças para não desistir de te encontrar. Preciso levantar e te procurar por todos os lugares da cidade, ruas e praças, procurando aquele que é o amor da minha alma. Quem ama não para de procurar. O meu amor por ti me deixa cada vez mais esperançoso de que logo mais eu estarei contigo. Quanto mais te busco, mais te desejo. Estar a tua procura deixa meu coração inflamado de amor. E eu fico a imaginar como será grandioso o momento em que estarei contigo. Se em apenas te procurar eu já estou repleto de amor e cheio do Espírito Santo, quando estiver à tua frente, face a face contigo, eu morrerei de amor. Quando te encontrar, te agarrarei e não soltarei mais. O teu amor me despertou, e agora vivo por ti até te encontrar.

"[...] pois onde está o teu tesouro
aí estará também teu coração."

Mateus 6,21

A ORAÇÃO É A NOSSA MAIOR RIQUEZA

Quem reza possui um tesouro. Esse tesouro, no entanto, não está aqui na Terra, está reservado pelo próprio Deus, nos céus. O Senhor nos adverte a não ajuntarmos tesouros nesta terra: "Não ajunteis para vós tesouros na terra, onde a traça e o caruncho os corroem e onde os ladrões arrombam e roubam, mas ajuntai para vós tesouros no céu, onde nem a traça, nem o caruncho corroem e onde os ladrões não arrobam nem roubam; pois onde está o teu tesouro aí estará também teu coração" (Mt 6,19-21). Orar é uma forma de ajuntar essa riqueza na eternidade como o Senhor ensinou. O homem mais rico é o que mais reza.

Se o nosso tesouro está no céu, direcionado para lá deve também estar nosso coração. A verdadeira felicidade se encontra orando. Nada mais nos faz tão felizes quanto o tempo que estamos com Deus. Diante do Rei dos Reis, até o tempo parece diferente.

A oração ocupa em nós o tempo de Deus, e não o nosso. Você já deve ter feito a experiência de ficar horas e horas em oração diante de Jesus, e depois, ao olhar para o relógio, ter se assustado com o tempo que passou sem que ao menos tivesse percebido. Compreende, assim, o versículo que diz: "[...] o Senhor um dia é como mil anos e *mil anos como um dia*" (2Pd 3,8). Diante de Deus, estamos no tempo do amor.

> ## A ORAÇÃO OCUPA EM NÓS O TEMPO DE DEUS, E NÃO O NOSSO.

Quem descobriu a oração descobriu um tesouro. Em Mateus 13,44-45, Jesus nos conta a parábola do tesouro e da pérola. Ela fala sobre um homem que encontrou um campo com um tesouro escondido e vendeu tudo o que possuía para comprar esse campo; fala também sobre um negociante que, ao encontrar uma pérola de grande valor, vendeu tudo para possuí-la. A oração é essa pérola e esse tesouro. Quando você compreender que a oração é o que enriquece, é o grande valor que você possui nesta vida e o que te prepara para o tesouro na eternidade, então você saberá que "venderia" tudo também. Deixaria tudo para estar com Deus.

Quem planta orações colhe riquezas nesta vida e principalmente na eternidade. Orar custa tão pouco e alcança tudo o que desejarmos de Deus.

Deus é nossa maior riqueza, nosso maior tesouro, e não existe nenhum bem fora dele. Por mais que nosso coração seja pequeno e que não ame a Deus como deveria, através da oração cresce o nosso poder de amar; Cristo expande o coração que reza. O coração se dilata e se une perfeitamente ao Sagrado Coração de Nosso Senhor. Passamos a possuir um só coração. Vive em nós o Coração de Jesus, pulsa em nós a vida divina. Haverá riqueza maior do que a união com Deus? Nada pode se comparar ao sentimento tão doce e suave da união de Deus com uma pobre alma. Você experimenta assim uma doçura e paz que são inexplicáveis. Deus e a pessoa que reza são como o rio que se lança e se une ao mar de tal forma que ninguém mais consegue separar.

Essa união é sem explicação. Deus vem em socorro de uma pobre alma e faz dela a sua maior riqueza.

A oração é para os pobres. É para os humildes.

Quando alguém se humilha diante de Deus, o Senhor cerca essa pessoa de carinho e proteção, descendo até ela. A humildade não somente é o caminho no qual Deus cura os corações que caíram pelo orgulho, mas é o caminho para o Pai.

O humilde sabe quem é, e por isso reconhece a sua necessidade de Deus. Sabe que é frágil e que a qualquer momento pode cair, e assim sempre se agarra a Deus. Não há força humana que se sustente por si só. Todas as vezes que se julgou forte, sem buscar uma força que vem do alto, você caiu. E essa queda acaba por afastar você de quem é. O pecado é um mal que nos retira de nós mesmos, e a humildade é sempre um processo de devolução.

O soberbo é roubado por seu próprio pecado. O humilde que reza se encontra e se entrega novamente. Eis outro grande bem da oração: ela é sempre uma recondução de si. Quem na humildade ora em Deus se encontra.

> EIS OUTRO GRANDE BEM DA ORAÇÃO: ELA É SEMPRE UMA RECONDUÇÃO DE SI. QUEM NA HUMILDADE ORA EM DEUS SE ENCONTRA.

Não confiamos em outros homens, assim seríamos falsos humildes; não confiamos em nós mesmos, pois assim seríamos soberbos. Isso porque uma falsa humildade não se ergue, e os soberbos sempre caem. "Uns confiam em carros, outros em cavalos; nós, porém, invocamos o nome de Iahweh nosso Deus." (Sl 20,8)

Não há quem fique em pé se confia apenas em si. Precisamos reconhecer que nada somos e nada podemos se não tivermos o Senhor ao nosso lado. Tarefa bem difícil, pois aceitar a própria imperfeição não é agradável, ninguém gosta de saber-se limitado. O primeiro passo, no entanto, para chegarmos à perfeição é o reconhecimento do ser.

Quem se humilha diante de Deus é sempre exaltado. Quem se eleva é sempre humilhado.

A humildade é fundamental na oração. O seu oposto, que é a soberba, foi capaz de transformar um anjo em demônio. O coração, que por Deus foi criado puro, se manchado pela soberba, precisa recorrer apressadamente a Deus pela humildade.

> Quem se humilha diante de Deus é sempre exaltado. Quem se eleva é sempre humilhado.

Compreenda: a humildade é necessária. A soberba é um dos grandes desafios da vida de oração. O coração soberbo não consegue rezar. Até mesmo quando tenta falar com Deus, suas palavras nada mais são do que uma exaltação de si, ou uma tentativa de obter de Deus somente o que lhe agrada, sem ao menos tentar mudar de vida. Para o soberbo, Deus é como um "padrinho mágico" que está sempre pronto a realizar desejos. Algo gravíssimo.

Se você está iniciando sua vida de oração, cuidado com a soberba. Não pense que, por estar rezando, você se torna melhor e superior a todas as pessoas. É uma tentação do inimigo para quem busca sempre estar rezando. Ele tenta te fazer acreditar que, por estar orando, você é o melhor de todos. Quem pensa assim está muito mais na soberba do que na graça. A oração sempre nos leva à humildade.

Se você já é uma pessoa que tem uma longa vida de oração, o cuidado deve ser o mesmo. Não se exalte. Não seja soberbo. A oração brota do coração humilde.

Vamos rezar juntos?

ORAÇÃO DA HUMILDADE, DE SANTA TERESINHA DO MENINO JESUS

*Uma poderosa oração para aprender
a ser humilde como Jesus*

Ó Jesus, estando Vós sobre a terra, dissestes:
"Aprendei de mim, que sou manso e humilde de coração,
e achareis descanso para a vossa alma".

Ó poderoso Monarca dos Céus,
a minha alma acha o seu repouso contemplando-vos
revestido das aparências e da natureza de escravo,
abaixando-vos até lavar os pés aos vossos discípulos.

Recordo, ó Jesus, as palavras que,
para me ensinardes a humildade,
pronunciastes nessa ocasião:
"Eu vos dei o exemplo, para que, assim como
eu vos fiz, assim vós também façais.
Não é o discípulo maior do que o seu mestre...
Se sabeis estas coisas, bem-aventurados se as praticardes".

Senhor, eu compreendo estas palavras saídas do vosso coração,
manso e humilde, e quero praticá-las, ajudada pela vossa divina graça.
Quero humilhar-me e sujeitar a minha vontade à de minhas irmãzinhas,
sem nunca as contradizer, sem investigar se têm ou não sobre mim
direito de mandar.

Ninguém, meu Deus, tinha este direito sobre Vós,
e todavia obedecestes, não só à Santíssima Virgem e a São José,
mas até aos vossos algozes!
E, na Santa Eucaristia, pondes o cúmulo ao vosso aniquilamento.

Com que humildade, ó Divino Rei da glória, obedeceis a todos os
sacerdotes, fervorosos ou tíbios no vosso divino serviço!
Eles podem apressar ou retardar a hora do sacrifício,
e Vós estais sempre pronto a descer do Céu.
Ó meu bom Jesus, como vos mostrais
manso e humilde debaixo do véu da hóstia imaculada!

Ah! Não poderíeis vos humilhar demais para me ensinar a humildade!
Para corresponder, pois, ao vosso amor,
quero colocar-me no último lugar e partilhar convosco as humilhações,
a fim de ter parte convosco no reino dos Céus.

Suplico-vos, Divino Jesus, me mandeis uma humilhação
toda vez que ousar elevar-me sobre os outros.
Mas oh! como sou fraca; de manhã proponho ser humilde,
e à noite reconheço ter pecado por orgulho.
Vendo-me tal, sou tentada a desanimar,
mas sei que também o desânimo é orgulho.
Portanto, quero fundar a minha esperança somente em Vós, meu Deus.

E, já que Vós sois todo-poderoso,
concedei-me esta virtude, muito desejada.
E, para que eu seja atendida, repetirei:
"Jesus, manso e humilde de coração,
fazei o meu coração semelhante ao vosso!".

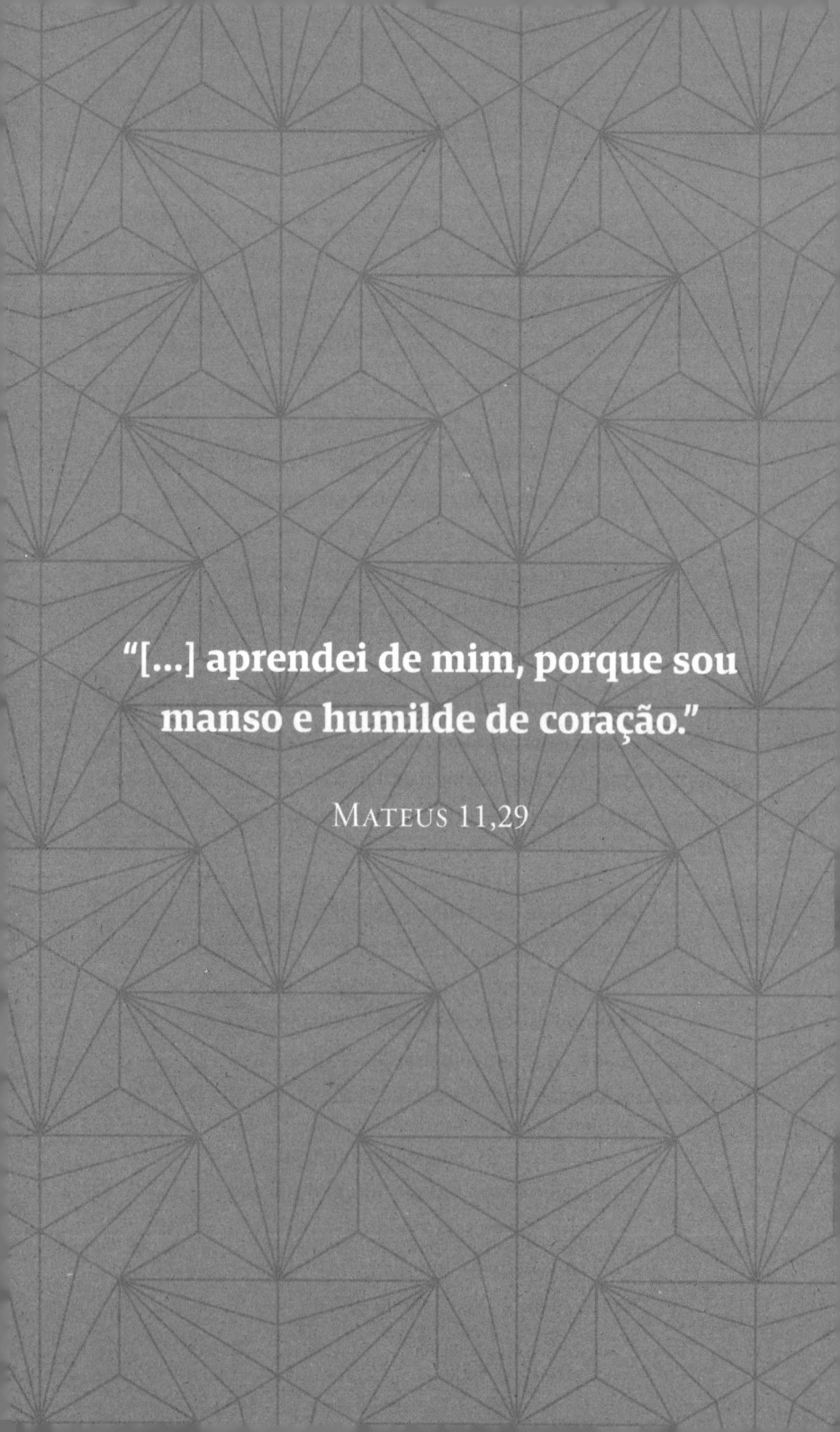

"[...] aprendei de mim, porque sou manso e humilde de coração."

Mateus 11,29

A HUMILDADE É O FUNDAMENTO DA ORAÇÃO

A oração só pode brotar de um coração manso e humilde como o coração de Jesus. Sem essa virtude, ficaremos distantes de Deus. Quem deseja orar primeiro deve revestir-se de humildade. Sabemos que grandes são as batalhas da oração, e que o inimigo a todo momento tenta nos destruir. Sabemos também que, se não rezarmos, perderemos todas as batalhas. No entanto, ainda que pense estar rezando, se não for com um coração humilde, você cairá na armadilha do inimigo, que fica sempre à espera de um pequeno espaço no qual ele possa atuar. A alma precisa da oração, e a oração precisa da humildade.

O coração humilde tem a convicção de que não faz nada por conta própria, e por isso anda sempre necessitado de Deus. Você nada possui, e deve continuar a orar para conseguir tudo.

Tudo o que de bom possuo vem de Deus, e não de mim. Santo Inácio de Loyola dizia: "A verdadeira humildade consiste em se persuadir e se convencer de que sem Deus somos insignificantes e desprezíveis". Essa é uma verdade que deve levar você a refletir neste momento. Nada poderei fazer de bom, útil ou agradável se não tiver Deus me guiando. Buscar um coração humilde é escolher estar sempre perto de Deus.

A Sagrada Escritura nos revela inúmeros personagens que se revestiram de humildade e por isso foram agraciados. Uma das maiores graças da oração é ser devolvido a si mesmo.

No Segundo Livro dos Reis, capítulo 5, encontramos um grande exemplo de um homem que, ao buscar a humildade, encontrou a si próprio. Nesse capítulo encontramos a história de Naamã.

"Naamã era chefe do exército do rei de Aram, gozava de grande consideração e prestígio junto de seu senhor, pois fora por meio dele que Iahweh concedera a vitória aos arameus; mas esse valente homem era leproso." (2Rs 5,1). Ouvindo falar que bastaria se apresentar ao profeta da Samaria que ele o livraria da lepra, partiu numa viagem na qual alcançaria a cura de que mais precisava. Naamã partiu ao encontro do profeta Eliseu. É sempre mais difícil caminhar quando se está enfermo, a viagem é desafiadora e dolorosa. Nessa viagem, Naamã partiu levando no corpo a marca da lepra, e na alma a marca do orgulho.

Ao chegar à porta da casa de Eliseu, "Este mandou um mensageiro dizer-lhe: 'Vai lavar-te sete vezes no Jordão e tua carne será restituída e ficará limpa'. Naamã, irritado, retirou-se dizendo: 'Eu pensava comigo: Certamente ele sairá e se apresentará pessoalmente, depois invocará o nome de Iahweh seu Deus, agitará a mão sobre o lugar infetado e me curará da lepra [...]'". (2Rs 5,9-11). Naamã ficou irritado com as palavras do profeta e se negou a cumprir o que este havia ordenado. Quando o orgulho é grande, ainda que Deus nos mostre o caminho da cura, nós nos recusamos a obedecer à voz de Deus. A viagem mudou com as palavras do servo de Naamã: "Meu pai! Mesmo que o profeta te houvesse ordenado algo difícil, não o terias feito?

Quanto mais agora que ele te diz: 'Lava-te e ficarás purificado'" (2Rs 5,13). Foi depois de ouvir tais palavras que Naamã obedeceu ao profeta Eliseu, mergulhou sete vezes no Jordão e alcançou a cura que buscava.

Ao procurar a cura, Naamã, mesmo desfrutando de tanto prestígio, precisou saber-se necessitado do agir de Deus. O prestígio humano passa, a glória de Deus permanece. Precisamos sempre de Deus. Não somos seres independentes do Senhor. Deus nos cura quando pela humildade obedecemos à sua palavra. Pode ser que você esteja em busca de um grande milagre que Deus já lhe ofereceu e, por não ser humilde, não tenha recebido.

Na busca de Deus, nós o encontramos, mas também encontramos quem somos. Esta foi a maior dificuldade de Naamã: viajar para si. Muito mais difícil que viajar longas distâncias é viajar a pequena distância para o próprio coração. Santo Agostinho, com uma frase, nos auxilia nessa jornada: "Conhece-te, aceita-te e supera-te". Para superar o momento no qual estamos, primeiro precisamos conhecer quem somos. O humilde sabe quem é.

O orgulho fecha nossos olhos, e perdemos a noção de quem somos e a verdade que Deus nos revela. Eis o motivo de não conseguirmos rezar sem humildade. Sem humildade não pode haver verdade em nossas palavras. Sem verdades, sem oração. A oração é sempre verdadeira, e deve ser feita com palavras verdadeiras. Deus não resiste ao coração humilde, mas "[...] *Deus resiste aos soberbos* [...]" (1Pd 5,5).

Humildade é olhar-se com os olhos de Deus. É encontrar-se junto às chamas do coração ardente de Jesus, e por elas ser purificado. A cura de que você precisa talvez seja esta: sair de como as pessoas te enxergam, das opiniões dos outros, e ser abraçado por aquilo que Deus preparou e como Ele te enxerga. Isso é libertador.

> HUMILDADE É OLHAR-SE COM OS OLHOS DE DEUS. É ENCONTRAR-SE JUNTO ÀS CHAMAS DO CORAÇÃO ARDENTE DE JESUS, E POR ELAS SER PURIFICADO.

A oração humilde sempre nos liberta do pesado fardo de opiniões falsas e nos dá a liberdade de sermos "[...] chamados filhos de Deus. E nós o somos! [...]"(1Jo 3,1).

A sua oração vai surgir quando você procurar a todo momento a virtude da humildade. Olhe mais uma vez para este versículo e reze com ele: "[...] aprendei de mim, porque sou manso e humilde de coração [...]" (Mt 11,29). Foi o Senhor que nos mandou buscar a humildade, que é o início da oração, e a oração é o início da cura; assim, sem humildade não receberemos as graças e a cura de Deus.

Como todo dom de Deus, a humildade também é uma graça que somente Ele pode conceder aos que a desejam e lhe suplicam.

Há uma ladainha escrita pelo Cardeal Merry del Val que pode ser recitada todos os dias. Quero que você a reze com calma. Preciso que você medite cada palavra desta oração. Desde já, aviso que é uma oração forte que toca profundamente o nosso coração.

> **Vamos rezar juntos?**

LADAINHA DA HUMILDADE

Jesus, manso e humilde de coração, ouvi-me.
Do desejo de ser estimado,
livrai-me, ó Jesus.
Do desejo de ser amado,
livrai-me, ó Jesus.
Do desejo de ser conhecido,
livrai-me, ó Jesus.
Do desejo de ser honrado,
livrai-me, ó Jesus.
Do desejo de ser louvado,
livrai-me, ó Jesus.
Do desejo de ser preferido,
livrai-me, ó Jesus.
Do desejo de ser consultado,
livrai-me, ó Jesus.
Do desejo de ser aprovado,
livrai-me, ó Jesus.

Do receio de ser humilhado,
livrai-me, ó Jesus.
Do receio de ser desprezado,
livrai-me, ó Jesus.
Do receio de sofrer repulsas,
livrai-me, ó Jesus.
Do receio de ser caluniado,
livrai-me, ó Jesus.
Do receio de ser esquecido,
livrai-me, ó Jesus.
Do receio de ser ridicularizado,
livrai-me, ó Jesus.
Do receio de ser infamado,
livrai-me, ó Jesus.
Do receio de ser objeto de suspeita,
livrai-me, ó Jesus.

Que os outros sejam amados mais do que eu,
Jesus, dai-me a graça de desejá-lo.
Que os outros sejam estimados mais do que eu,
Jesus, dai-me a graça de desejá-lo.
Que os outros possam elevar-se na opinião do mundo,
e que eu possa ser diminuído,
Jesus, dai-me a graça de desejá-lo.

Que os outros possam ser escolhidos e eu posto de lado,
Jesus, dai-me a graça de desejá-lo.
Que os outros possam ser louvados e eu desprezado,
Jesus, dai-me a graça de desejá-lo.
Que os outros possam ser preferidos
a mim em todas as coisas,
Jesus, dai-me a graça de desejá-lo.
Que os outros possam ser mais santos
do que eu, embora me torne o mais santo
quanto me for possível,
Jesus, dai-me a graça de desejá-lo.

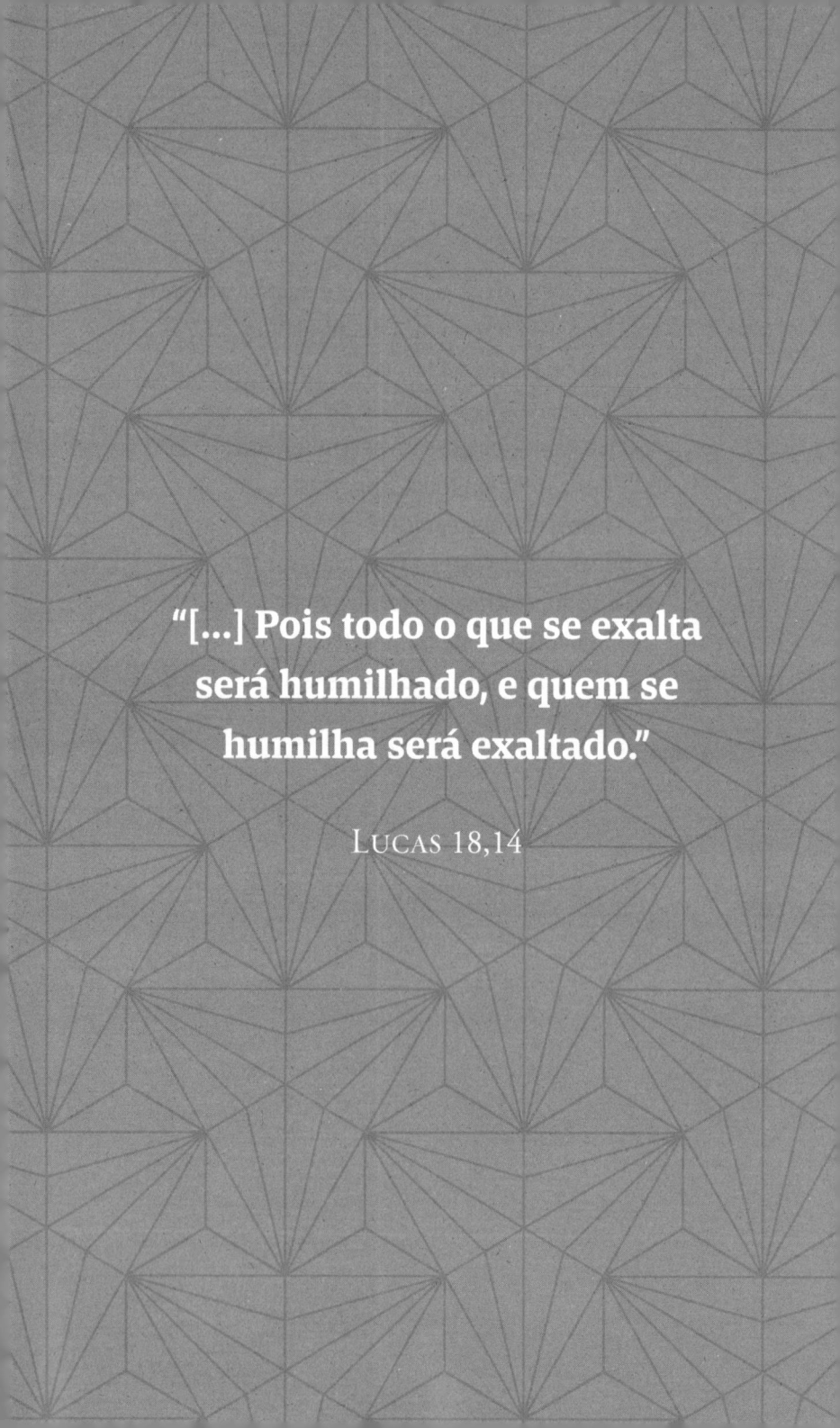

"[...] Pois todo o que se exalta será humilhado, e quem se humilha será exaltado."

Lucas 18,14

SE QUISERES AGRADAR O CORAÇÃO DO TEU SENHOR, ORA COM HUMILDADE

"Dois homens subiram ao Templo para orar; um era fariseu e o outro publicano. O fariseu, de pé, orava interiormente deste modo: 'Ó Deus, eu te dou graças porque não sou como o resto dos homens, ladrões, injustos, adúlteros, nem como este publicano; jejuo duas vezes por semana, pago o dízimo de todos os meus rendimentos'. O publicano, mantendo-se à distância, não ousava sequer levantar os olhos para o céu, mas batia no peito dizendo: 'Meu Deus, tem piedade de mim, pecador!'. Eu vos digo que este último desceu para casa justificado, o outro não. Pois todo o que se exalta será humilhado, e quem se humilha será exaltado." (Lc 18,10-14)

A oração humilde agrada o coração de Deus. Encontramos no Evangelho dois homens que subiram ao templo para orar. Em nenhum momento são mencionados os nomes desses homens; o que sabemos é que um era fariseu e o outro era publicano, e isso nos dá a possibilidade de saber que esses homens somos nós. Convido você a ler duas vezes esse trecho evangélico, e a cada leitura você vai colocar seu nome em um dos personagens, primeiro no fariseu e depois no publicano.

Nós somos aqueles dois homens. Assim como o fariseu, nos julgamos bons, justos, dignos das graças de Deus, e, como o publicano, nos conhecemos pecadores. O Evangelho de Lucas 18,9-14 nos ajuda a compreender quem somos. Ora carregados de humildade, ora cheios de orgulho e vaidade. É uma dualidade que habita nosso ser e que faz parte de nossa realidade humana. O desafio é este: deixar a humildade vencer o orgulho que se faz presente em nós para que a graça de Deus permaneça.

Quando não pedimos a graça do Espírito Santo para ficarmos sempre na presença do Altíssimo, até mesmo a nossa oração pode ser orgulhosa. Olhemos para o fariseu, um homem bastante religioso, que frequentava o templo e fazia as suas orações. Ele apresentou a Deus tudo aquilo que fez e se encheu de orgulho por isso, considerando-se melhor que o publicano.

O que ele esqueceu é que a oração depende muito mais do que Deus faz do que de nós mesmos. A oração é mais sobre Deus do que sobre nossas capacidades humanas. Ao orgulhar-se de suas obras, ele colocou todos os méritos em si próprio, afastando o reconhecimento de Deus.

Quando o fariseu ora, o sujeito da oração é o seu próprio "eu" (eu jejuo, eu pago o dízimo). O publicano, ao contrário, tem em sua oração por sujeito o próprio Deus (Meu Deus). Com o fariseu, o protagonista é o homem; com o publicano, o protagonista é Deus.

Quem se exalta perde a oportunidade de ser exaltado por Deus. Quem nada procura em si, mas tudo busca de Deus, tudo encontra.

Em vez de levantar as mãos para orar, o fariseu levantou a cabeça para se orgulhar de seus feitos. Ele pensava estar cheio de virtudes, mas estava apenas repleto de pecados. Nada que façamos sem Deus pode ser considerado uma virtude. Sozinhos nada fazemos de bom.

Na oração do fariseu, existe uma tentativa de inverter os lugares de Deus e do homem. O fariseu ora como se Deus fosse o devedor, quando na verdade o dever de retribuição pertence ao homem. Nós somos devedores de Deus, e não Deus o nosso devedor. A oração é uma retribuição a tudo aquilo que Deus fez e continua por fazer em nosso favor.

Não podemos orar como o fariseu, numa lógica do "eu te dou para que tu me dês". Deus não está obrigado a atender às nossas orações porque pensamos fazer algo de bom. Devemos fazer o bem porque amamos o Senhor e queremos ser como Ele é, e não porque queremos "favores". A oração verdadeira surge do pensamento: *Senhor, dou a ti porque tu me deste.*

A ORAÇÃO VERDADEIRA SURGE DO PENSAMENTO: *SENHOR, DOU A TI PORQUE TU ME DESTE.*

Existem orações que, em vez de louvar a Deus, fazem um louvor de si. A oração do fariseu é um exemplo disso. Ele pensava estar fazendo uma oração de ação de graças a Deus, mas sua oração era só aparente. O fariseu fez o oposto da oração: não reconheceu a grandeza de Deus. Ele estava se gloriando por não ter pecado algum, por suas obras, e com isso se considerava uma pessoa justa; por isso, exigia de Deus uma recompensa.

Existem aqueles que, pensando serem justos, querem que Deus sempre os agrade. Não é esse o dever da oração. A verdadeira oração é como a do publicano: conscientes de quem somos, de não possuirmos mérito algum diante de Deus, clamamos a sua misericórdia.

Quem deseja ser ouvido por Deus precisa andar sempre com passos de humildade. A alma que reconhece sua fraqueza entende que Deus é a sua grande riqueza. Deus sempre ouve a oração do humilde. A oração daquele que reconhece as suas misérias e clama: "Meu Deus, tem piedade de mim, pecador!".

A oração que o Senhor busca não é aquela que levanta a voz para dizer "Eu sou", como dizia o fariseu, buscando a própria exaltação; é aquela oração na qual olhamos para o céu e oramos.

Vamos rezar juntos?

"Senhor, eu não sou nada, tu és o meu Tudo. Nem sequer me atrevo a chegar diante de tua presença. Sou miserável, pecador. Não mereço as tuas graças. Mas te imploro para que tenhas piedade de mim. Preciso do teu perdão e da tua misericórdia. Me concede a graça de ser purificado em teu amor, e curado por tua graça. Eu sou miserável, mas tu és a Misericórdia. Eu sou pequeno, mas tu és o Deus infinito. Eu sou pecador, mas tu és o Deus Santo. Eu sou fraco, mas tu és a Fortaleza. Não me desampares, senão sucumbirei. Fica sempre comigo e me ensina a orar cada vez mais, para que nunca me afaste de ti."

> "[...] *olhou para a humilhação de sua serva.*"
>
> Lucas 1,48

A HUMILDADE DE MARIA

Ao falar de humildade, e de como ela é uma virtude fundamental para a oração, eu não poderia deixar de falar sobre a Santíssima Virgem Maria, Mãe da humildade.

Deus prometeu que viria salvar seu povo, e veio de uma forma que ninguém jamais ousaria imaginar. Deus fez-se homem. E, ao estar decidido fazer-se homem, escolheu aquela que deveria ser a sua mãe. Entre todas as mulheres, Ele olhou para a mais santa e humilde. Uma pequena Virgem que tinha uma vida repleta de virtudes e um coração totalmente humilde.

"[...] *olhou para a humilhação de sua serva.*" (Lc 1,48) Não há dúvida alguma de que foi a humildade da Santa Virgem que atraiu o olhar de Deus. Deus olhou para o nada de Maria e fez-se o tudo que ela possuía.

A recompensa dos humildes é o próprio Deus. O que mais tua alma poderia querer a não ser o Senhor?

A humildade de Nossa Senhora era perfeita e, como um odor suave, subiu aos céus e fez Deus ser atraído por essa Virgem. Deus se vê constantemente atraído por corações humildes, pois justamente assim é o seu coração. O Senhor procura corações semelhantes ao seu.

O demônio teme a grande humildade de Maria, pois foi justamente pela soberba que ele caiu. A humildade de Nossa

Senhora esmaga a cabeça da serpente. Com isso, ele faz de tudo para que as pessoas se afastem de Maria, pois sabe que quem se aproxima dela se aproxima de Deus. Só corações soberbos não reconhecem a grandeza da Mãe de Deus.

Quer aprender a ser humilde? Clame por Maria. Invoque Maria.

Humildade é dada a quem pede. E quem pede por Maria recebe duas vezes mais.

Olhemos a anunciação em Lucas, capítulo 1. O Anjo Gabriel, ao entrar onde Maria estava, disse: "Alegra-te, cheia de graça, o Senhor está contigo!" (Lc 1,28). Somente essas palavras já poderiam servir para que passássemos a vida inteira meditando sobre a vida de Nossa Senhora e ainda assim não esgotaríamos a sua grandiosidade. Veja bem, o Arcanjo, que é porta-voz de Deus, diz "cheia de graça". Nossa Senhora possui mais graças do que todos os santos juntos. A graça de Nossa Senhora supera a de todos os homens. Maria só está abaixo de Deus.

O que fez Nossa Senhora tão agraciada a não ser a sua humildade? A graça que ela recebeu foi proporcional a sua missão de ser Mãe de Deus. E proporcional, também, a sua humildade. O Senhor é com Maria, porque Maria é humilde. Deus não se afasta de almas humildes, porque elas estão sempre à procura do seu bem maior.

A Deus se procura com humildade, com humildade o homem é encontrado por Deus.

Diante da saudação do Anjo, Maria ficou intrigada, como diz o próprio texto de Lucas 1,29. Maria em nenhum momento duvidou da Palavra de Deus, a fé de Nossa Senhora jamais vacilou, nem mesmo diante da cruz. Então, por que as palavras do Anjo intrigaram, ou perturbaram a Santa Virgem? Você consegue responder a essa pergunta se olhar dentro do coração humilde que ela possui. Tão grande era a sua humildade que, ao receber louvores de Deus, o seu coração se humilhou ainda mais. Quanto mais Deus a exaltava, mais ela se humilhava.

O coração doce e terno buscava em todos os momentos levantar louvores a Deus. Só a Deus ela queria exaltar. Nossa Senhora nos ensina que a verdadeira humildade exalta sempre a Deus. O humilde exalta o Senhor, em todos os momentos da sua vida.

Tão logo o coração de Maria inquietou-se, o Arcanjo Gabriel tratou de acalmá-la: "Não temas, Maria! Encontraste graça junto de Deus" (Lc 1,30). O coração humilde de Nossa Senhora a fazia ver-se sempre pequena, e foi justamente isso que a fez tão grande.

Quanto menores formos, melhor Deus poderá nos conduzir. Devemos nos fazer pequenos até cabermos na Mão de Deus. Os passos do humilde são todos dados por Deus.

Após o anúncio, veio o momento da resposta. Desde toda a eternidade Deus pensou em Maria, preparou Maria, quis Maria. Não permitiu que o pecado manchasse a sua pureza e desde o primeiro momento a fez cheia de graça. E, quando o anjo transmitiu a mensagem de Deus, o céu inteiro estava por esperar a resposta de Nossa Senhora. É preciso dizer que não existiria outra mulher para ser a Mãe de Deus que não fosse Maria. A Virgem Santa não foi uma escolha aleatória, foi uma escolha de séculos.

Deus desejava o sim de Maria, pois nada queria fazer sem o consentimento da Senhora de Nazaré. Todo o plano divino de salvação dependia agora do sim de Maria. E a resposta concedida foi a mais humilde que alguém poderia dar: "Eu sou a serva do Senhor; faça-se em mim segundo tua palavra! [...]" (Lc 1,38). Com tais palavras, o céu festejou.

A salvação do mundo passou pela humildade de Nossa Senhora. Aquele que os céus não podem conter esteve no ventre de Maria.

"O Todo-Poderoso fez grandes coisas em meu favor." (Lc 1,49)

Nem mesmo a grandeza de ser a Mãe de Deus retirou ou diminuiu a humildade de Maria. Ela sabia que tudo era pelos méritos de Cristo. E, assim, abandonou-se à vontade de seu Salvador.

> NEM MESMO A GRANDEZA DE SER A MÃE DE DEUS RETIROU OU DIMINUIU A HUMILDADE DE MARIA.

Quanto mais uma alma é humilde, mais se entrega a Deus. É sempre mais fácil fazer a vontade de Deus com um coração humilde.

O humilde não se pertence, pertence a Deus. E sem nada possuir se entrega; sem nada querer, a não ser a vontade de Deus, obedece sem medos.

Olhe para a humildade de Maria, peça a humildade de Nossa Senhora.

Vamos rezar juntos?

ORAÇÃO A NOSSA SENHORA DA HUMILDADE

Ó Santíssima Virgem Maria, Mãe da humildade, concedei-me a graça da humildade, para que como um bom filho eu seja semelhante a Vós. Retirai de mim todo orgulho, arrogância e vaidade que não me permitem conhecer e viver a vontade de Deus para mim. Desejo os sonhos de Deus para minha vida, quero viver conforme os planos do meu Senhor, que é o caminho que conduz ao reino da felicidade eterna.

Amém.

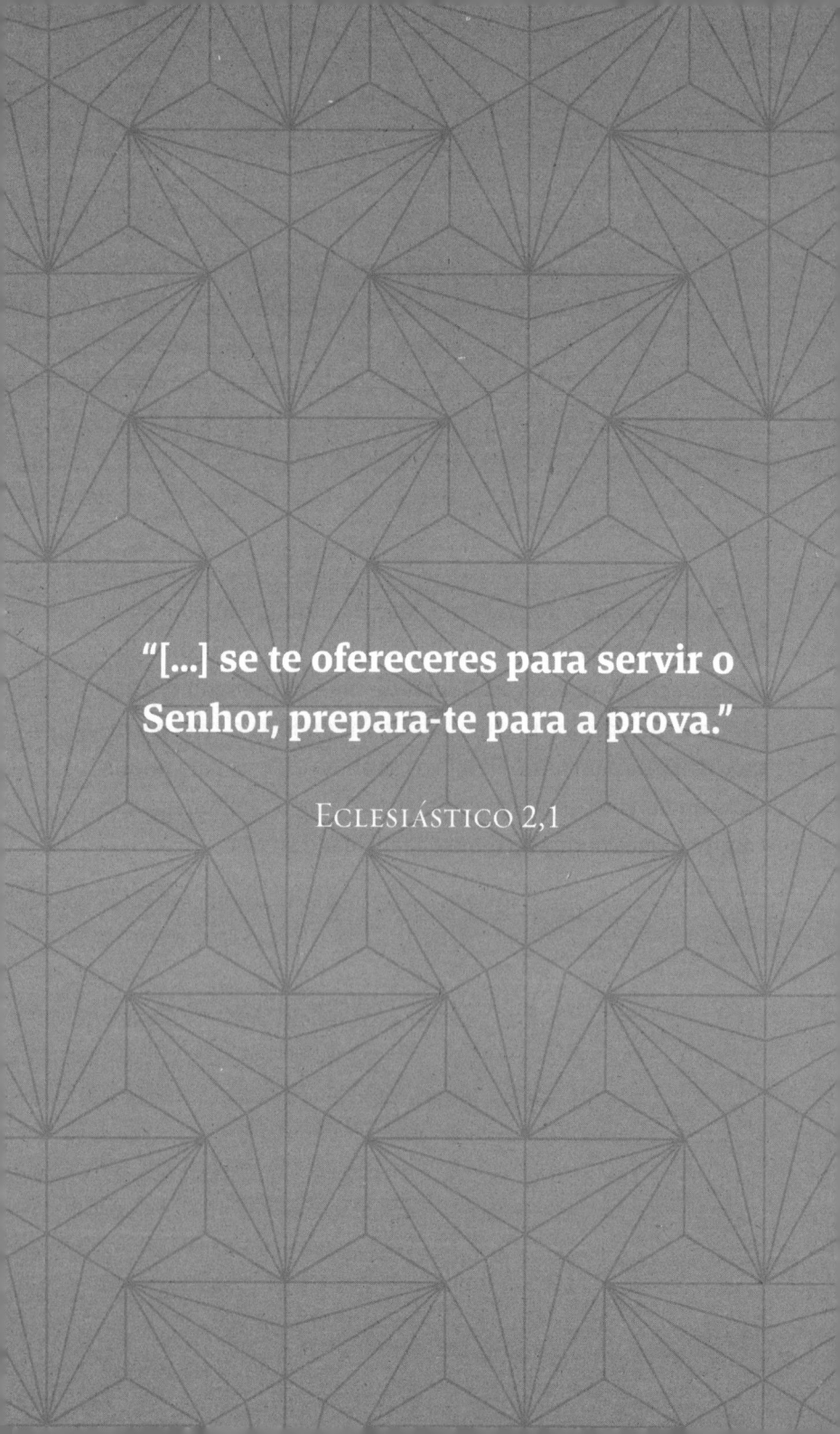

> "[...] se te ofereceres para servir o Senhor, prepara-te para a prova."
>
> Eclesiástico 2,1

DIFICULDADES PARA ORAR

Antes de começar a falar sobre as dificuldades da oração, desejo que você leia este texto bíblico:

"Meu filho, se te ofereceres para servir o Senhor, prepara-te para a prova.

Endireita teu coração e sê constante,

Não te apavores no tempo da adversidade.

Une-te a Ele e não te separes, a fim de seres exaltado no teu último dia.

Tudo o que te acontecer, aceita-o,

E nas vicissitudes que te humilhares sê paciente,

Pois o ouro se prova no fogo,

E os eleitos, no cadinho da humilhação.

Na doença e na indigência, conserva tua confiança.

Confia no Senhor, Ele te ajudará, endireita teus caminhos e espera nele.

Vós que temeis ao Senhor, contai com sua misericórdia e não vos afasteis para não cairdes.

Vós que temeis ao Senhor, tende confiança nele e a recompensa não vos faltará.

Vós que temeis ao Senhor, esperai bens, alegria e misericórdia, pois sua recompensa é dom eterno na alegria.

Considerai as gerações passadas e vede: quem confiou no Senhor e foi desiludido? Ou quem perseverou no seu temor e foi abandonado? Ou quem clamou por Ele e Ele o desprezou?

Porque o Senhor é compassivo e misericordioso, perdoa os pecados e salva no dia da tribulação.

Ai dos corações covardes e das mãos fracas, e do pecador que segue dois caminhos.

Ai do coração fraco, pois não acredita, por isso não será protegido.

Ai de vós que perdestes a paciência: que fareis quando o Senhor vos visitar?

Os que temem o Senhor não desobedecem às suas palavras, os que o amam observam seus caminhos.

Os que temem ao Senhor procuram o seu beneplácito, os que o amam saciam-se com a lei.

Os que temem o Senhor preparam os seus corações e diante dele se humilham.

Caiamos nas mãos do Senhor, e não nas mãos dos homens, pois, tal como é sua grandeza, assim é a sua misericórdia."
(Eclesiástico 2)

Ao se decidir por Deus, você adentra as batalhas de Deus.

A primeira dificuldade da oração é pensar que ela tornará tudo mais fácil e agradável. É errôneo pensar assim. A oração não facilita tudo; ela possibilita fazer o que antes, sozinhos, jamais conseguiríamos.

Por esse motivo escolhi o texto de Eclesiástico, capítulo 2, para iniciar este texto sobre as dificuldades da oração. O versículo primeiro já nos alerta: "[...] se te ofereceres para servir o Senhor, prepara-te para a prova".

O inimigo anda pelo mundo colocando as almas a perder-se. Ele deseja que todos os filhos de Deus se percam. Deseja retirar os filhos do caminho. É por isso que a batalha aumenta com a oração.

Ao passar para o poder e a proteção de Deus, o inimigo fará de tudo para te levar para o outro lado, e a grande batalha espiritual começa. Não se preocupe, não estamos sozinhos, e diversos versículos bíblicos nos revelam essa verdade:

- "Iahweh te entregará, já vencidos em tua frente, os inimigos que se levantarem contra ti: sairão contra ti por um caminho, e por sete caminhos fugirão de ti" (Dt 28,7).
- "Quem habita na proteção do Altíssimo pernoita à sombra de Shaddai, dizendo a Iahweh: Meu abrigo, minha fortaleza, meu Deus em quem confio!" (Sl 91,1-2)
- "Pois estou convencido de que nem a morte nem a vida, nem os anjos nem os principados, nem o presente nem o futuro, nem os poderes, nem a altura, nem a profundeza, nem qualquer criatura poderá nos separar do amor de Deus manifestado em Cristo Jesus, nosso Senhor" (Rm 8,38-39).
- "Ele nos arrancou do poder das trevas e nos transportou para o Reino do seu filho amado, no qual temos a redenção – a remissão dos pecados" (Cl 1,13-14).
- "Sujeitai-vos, pois, a Deus; resisti ao diabo e ele fugirá de vós" (Tg 4,7).

Deus está conosco. Não precisamos temer. Não há o que temer se Deus é por nós. Eu sei que a batalha é árdua, e nela existem alegrias e tristezas, mas também existe a certeza da vitória em nome de Jesus. Nenhuma batalha será perdida se você tiver Deus lutando ao seu lado.

Você não precisa temer. Deus está contigo e jamais vai permitir que lhe faltem forças para que permaneça de pé diante de qualquer luta desta vida. O único momento em que você ficará prostrado é diante de Deus em oração. Creia nessa verdade e deixe seu coração repleto de esperança. O amor de Deus o guiará em qualquer ocasião.

Provavelmente você está enfrentando uma grande batalha que só você sabe qual é. Uma batalha que tira o seu sono, que faz você pensar em desistir, em entregar-se ao inimigo. Você fica desanimado, deseja que tudo isso acabe logo. Duvida que poderá vencer, se julga fraco e derrotado.

Você ora e parece que não é ouvido, insiste na oração e não consegue rezar. E logo esquece até mesmo o caminho da oração. Mas é isso que o inimigo deseja: que esses sentimentos tomem conta de você.

Quem se sabe fortificado por Deus não desiste, pois sabe que o deserto pode ser árduo, mas depois dele há uma terra onde corre leite e mel. E sabe também que sem oração não poderá atravessar o deserto.

O inimigo quer que você esqueça que Deus está lutando ao seu lado e coloca você num sentimento de solidão. Você olha para todos os lados e se sente esquecido, abandonado. Para que, ao sentir-se sozinho, entre na batalha sem o Senhor e saia derrotado. O inimigo quer insistir que você é capaz de vencer sem a ajuda de ninguém. O demônio sabe que, se invocar o nome do Senhor, você será salvo. Invoque o nome de Deus e você terá a vitória.

Jamais esqueça que Deus está ao seu lado e nunca permitirá que você vacile se contar sempre com Ele. Deus já preparou a sua vitória. Ela está na oração que você ainda não fez. Ore e vença, lute e ganhe.

Quando estamos com Deus, recebemos a sua força, temos uma confiança inabalável de que podemos enfrentar e vencer qualquer desafio. O Senhor vai à frente abrindo caminhos, desarmando os inimigos. Com Deus venceremos. Repita esta frase neste momento: Com Deus vencerei, com oração vencerei.

Não permita que seu coração perca a paz. O caminho da vitória está pronto, basta que você passe por ele. A oração é uma grande batalha, mas você não está sozinho. Ainda que você não sinta a presença do Senhor, Ele não o abandonou. Não é porque você não o sentiu que Deus se ausentou. O Senhor não é um sentimento. Ele é o Todo-Poderoso.

Grande é a batalha, mas grande também será a coroa de glória que está reservada para aqueles que se dedicam à oração e não desistem de orar até o fim.

Nessa batalha, a sua arma mais poderosa é a oração. Ore, fique com Deus, e jamais será vencido.

Existe uma oração curta, mas muito poderosa, chamada "Oração da Batalha". Uma oração para pedir a proteção de Deus e de Nossa Senhora em todos os momentos. Faça essa oração todos os dias.

VAMOS REZAR JUNTOS?

ORAÇÃO DA BATALHA

Pai eterno, me dê força,
Jesus Cristo, me dê poder,
Nossa Senhora, me ajude a esta batalha vencer.
Sem morrer, sem me abater, sem meu juízo perder.
Deus quer, Deus pode, eu hei de vencer!
Amém.

"Confessei a ti o meu pecado,
e meu erro não te encobri;
eu disse: 'Vou a Iahweh,
confessar meu pecado!'.
E tu absolveste o meu erro,
perdoaste o meu pecado."

Salmos 32,5

O PECADO

O pecado é o que mais retira pessoas da oração. Ele é uma grande falta ao amor que Deus derrama sobre a humanidade. Por causa de apegos mundanos, a pessoa se desapega de Deus. Da mesma forma que orar é escolha, é a liberdade de ficar com Deus, o pecado também é uma escolha, a escravidão de ficar longe do Senhor. "Em verdade, em verdade, vos digo: quem comete o pecado é escravo." (Jo 8,34)

A oração é a escolha de quem quer viver em Deus. O pecado é a escolha de quem deseja viver longe do Senhor e perder a salvação eterna.

Nosso coração, que foi criado para estar com Deus, amá-lo e por Ele ser amado, é desviado por causa do pecado, que é atitude contrária ao amor. Orar é amar a Deus, pecar é amar a si próprio. Quem ama a Deus ora, quem ama unicamente a si vive no pecado. A oração nos leva a um completo desprezo de nós mesmos para o completo abandono em Deus. O pecado nos conduz a um completo amor por nós mesmos, levando ao desprezo de Deus. Quem peca sai dos cuidados do Senhor e passa a pertencer ao maligno. "Aquele que comete o pecado é do diabo, porque o diabo é pecador desde o princípio." (1Jo 3,8) No entanto, quem nasceu para o céu não pode permanecer no erro. Liberte-se dos pecados para ser herdeiro dos céus.

A oração é a exaltação do Senhor; o pecado é a exaltação de si. Oração e pecado são incompatíveis. Se a oração brota do coração do homem, o pecado também pode daí nascer. "Com efeito, é do coração que procedem más intenções, assassínios, adultérios, prostituições, roubos, falsos testemunhos e difamações." (Mt 15,19) Por isso, não abra espaço no seu coração para que nasça o pecado. Ore, pois no coração que reza o pecado não entra, mas no coração que deixa de rezar e se esvazia o pecado faz morada.

A oração que tem em vista a união com Deus entra em conflito com o pecado que nos separa do Senhor. Quanto mais pecados você tiver, mais difícil será sustentar a sua oração. Precisamos abandonar o pecado se quisermos Deus.

O pecado nos retira da vida de oração, porque a oração depende mais de Deus do que de nós mesmos. Ele impede a nossa vida espiritual. Podendo ser venial ou mortal, o pecado é sempre um devastador de almas. O pecado venial fere e ofende a Deus e a nós mesmos, subsistindo ainda o amor ao Senhor no coração, mesmo se tornando mais fraco. Já o pecado mortal destrói completamente a caridade existente em nosso coração, retira o homem de sua união com Deus, o faz perder o céu. Sem a união com Deus é impossível rezar. Se Deus não nos sustentar, nada poderemos.

O pecado tira você de Deus, então é preciso retornar o mais rápido possível para o Senhor. Afinal, se não voltarmos para Deus o mais rápido possível por meio do arrependimento e do perdão do Senhor pelo sacramento da confissão, seremos excluídos do Reino dos Céus. "Se dissermos: 'Não temos pecado', enganamo-nos a nós mesmos e a verdade não está em nós. Se confessarmos nossos pecados, Ele, que é fiel e justo, perdoará nossos pecados e nos purificará de toda injustiça." (1Jo 1,8-9)

Não deixe de orar por causa do pecado. Ore até se libertar do pecado que carrega. Não abandone Deus por causa do pecado, abandone o pecado por causa de Deus. Procure a confissão. Sabemos que a libertação do pecado vem quando nos confessamos diante do sacerdote. Uma vez confessados, retornamos à Graça de Deus e nos unimos ao Senhor com máximo amor. A alma que antes estava morta experimenta uma ressurreição espiritual. A dignidade de filhos é restituída. Depois de tamanha graça, o que precisamos é orar para não voltar ao pecado.

É o Espírito Santo que ora em nós; não sabemos orar. E, para que o Espírito Santo permaneça em nosso coração, precisamos ser moradas dignas. O Espírito Santo não habita uma alma maligna, não habita um corpo devedor ao pecado. O Espírito Santo foge da duplicidade, retira-se diante dos pensamentos sem sentido. Ele se ofusca quando sobrevém a injustiça.

O pecado é sempre atraente aos olhos, como o fruto proibido no Jardim do Éden. A realidade, porém, é que seu fruto é a morte. Só o Espírito Santo faz viver.

Como pode uma alma clamar o Espírito Santo se insiste em viver no pecado? Como pode desejar viver livre e alcançar o céu se insiste em viver presa à amarra do pecado? Como pode o coração que nasceu para Deus permanecer longe? Isso é a maior infelicidade que se pode ter: possuir o conhecimento de Deus e mesmo assim preferir estar longe dele. É questão de tempo, a infelicidade há de chegar. O pecado sempre traz infelicidade. Eles andam juntos.

O pecado é a experiência do inferno; o inferno é a ausência de Deus, pois o pecado retira você de Deus e você então passa a viver sem Ele. O inferno é o lugar definitivo da exclusão dos bem-aventurados. Lugar onde só há dor, onde nenhuma oração é possível. Onde os lábios já não podem louvar, as mãos já não se levantam em preces, tudo foi encerrado.

Quem permanece no pecado já está numa experiência de inferno. Não consegue rezar, não consegue sequer pensar em estar na presença de Deus sem que isso lhe cause uma dor profunda.

Quando estamos no pecado, nossa boca é amordaçada. Tentamos orar e não conseguimos. Tentamos gritar por ajuda e somos sufocados. Queremos a todo momento que o Espírito de Deus nos auxilie, mas nem sequer sabemos como fazer isso. Queremos estar com Deus e mesmo assim não nos movemos. A vida pouco a pouco vai se findando num pecado crescente.

O que posso dizer é que, se você confiar em Deus e procurá-lo mesmo em meio ao sofrimento, irá encontrá-lo. Deus está perto da pessoa que o invoca. Deus a todo momento está pronto para conceder a libertação, se você pedir.

Não nascemos para a escravidão. Você não nasceu para viver escravizado pelo pecado. Você é filho do Todo-Poderoso. A cruz te libertou. O Senhor te chama mais uma vez a viver uma experiência de amor e perdão. Ele te chama agora para dar os primeiros passos para uma vida melhor. Se você consegue sentir uma graça no coração, um desejo de mudança, saiba que é o Espírito atuando em você. Quem foi criado para ser morada do Espírito não pode viver sendo escravo do inimigo.

Deus vai te libertar do pecado. Creia, ore, peça a graça. Procure um sacerdote para uma confissão. Hoje Deus começa uma nova obra em sua vida. Uma renovação tem aqui o seu início. Você crê que o Espírito Santo pode fazer grandes coisas a seu favor?

Então, ore agora e peça:

"Senhor, dá-me forças para fugir do pecado. Estou atormentado. Eu sofro dia e noite. E parece que todo esse tormento não terá fim.

Olho de todos os lados e pareço cercado.
Sinto-me sufocado. Meu pecado me esmaga e rasga ao meio.
Esse é o sentimento, Senhor. Sinto minha alma
sendo rasgada e sofro demais com tudo isso.
Eu não quero mais essa vida para mim.
Quero ser diferente. Desejo que tudo seja novo.
Eu quero poder me olhar e não sentir mais nojo de mim. Quero
sentir-me teu filho. Desejo voltar para casa, receber novas vestes
e ser chamado de teu filho. Não tenho ainda
forças no momento, sou fraco, minha vida está na miséria. Vem,
Espírito Santo, e me socorre. Vem, Espírito Santo,
e não me deixes permanecer no pecado. Me liberta.
Sou filho da liberdade. Sou filho do amor de Deus,
sou filho da tua graça e por ela quero viver.
Tudo o que vivi percebi que de nada valeu,
porque eu estava longe. Por isso, decidi voltar.
Eu preciso de ti, meu Jesus. Me liberta, meu Jesus.
Cura-me, Jesus. Salva-me, Jesus. Transforma-me, Jesus".

Em nome de Jesus, você está sendo curado e liberto neste momento. O primeiro passo foi dado. Agora é seu dever procurar um sacerdote para fazer uma boa confissão.

A luta do pecado exige uma decisão. É o seu coração que entra nessa batalha. "[...] pois onde está o teu tesouro aí estará também teu coração." (Mt 6,21).

Você já deve ter experimentado orar e não ser atendido. Sabemos que nem sempre Deus vai atender às nossas preces. Contudo, o pecado é um empecilho para a graça.

Vamos orar juntos agora, orar até conseguir a libertação dessa vida pecaminosa. Orar até sermos transformados pelo Espírito e com Ele viver.

> VAMOS REZAR JUNTOS?

ORAÇÃO PARA VENCER O PECADO

Senhor Jesus, sinto que de todos os lados estou cercado por inimigos que dia e noite tentam devorar a minha alma e não vão recuar no combate até que eu parta deste mundo. Eu te suplico, vem em meu socorro. Se não me socorreres, eu nada conseguirei e cairei ferido nessa luta. Não permitas, meu Senhor, que eu fraqueje perante o inimigo, mas fortalece-me com teu poder e tua graça, não permitindo jamais que eu fique longe de ti. Tua palavra diz que nem a tribulação, a angústia, a perseguição, a fome, a nudez, os perigos ou a espada nos poderão separar de ti e do teu amor todo-poderoso. Mas sei que o pecado poderia me separar de ti e isso me colocaria em grande risco de perder a salvação eterna e o lugar que está reservado para mim no Reino dos Céus. E é por isso que eu ainda mais recorro a ti, meu Senhor e meu Deus, para que não me permitas cair no pecado e permanecer sempre em tua graça. Quero estar até o fim contigo, perseverar todos os dias no teu amor. Que as tentações não sejam mais fortes do que meu desejo de orar. Pois tudo posso vencer pelo poder da oração. Quem ora não cai. Quem na tentação se coloca em oração é sustentado por tua mão. Estou decidido a estar sempre ao teu lado, para sempre. E peço a intercessão de minha Santa e Poderosa Mãe, a Virgem Maria, para que, em todos os momento em que eu estiver ameaçado pelo inimigo, eu recorra a sua proteção e permaneça diante do amor do teu divino Filho Jesus.

Amém.

"O melhor remédio contra a aridez espiritual consiste em colocarmo-nos como pedintes na presença de Deus e dos santos, e andar, como um pedinte, de um canto para o outro, rogando uma esmola espiritual com a mesma impertinência com que um pobre pede esmola."

São Filipe Néri

ARIDEZ ESPIRITUAL

Outra grande dificuldade da oração é a aridez espiritual. A alma entra em um profundo desânimo para a vida de oração. O que antes era motivo de grande prazer torna-se cansaço, passa a ser doloroso. Só de pensar em rezar, a alma já sente amargura, tenta fugir, sente uma dor intensa. A paz que outrora existia torna-se uma guerra. Uma luta interna que desgasta quem passa por esse momento.

Na aridez, a alma entra no deserto e experimenta secura, solidão e desespero. Julga estar abandonada e tende a desistir de tudo. Perde a esperança. Não sente a presença de Deus. Os olhos que antes enxergavam Deus e festejavam a sua presença, iluminados de tanta glória divina, já não o veem mais. Como se Deus tivesse deixado essa alma para trás. A dúvida começa a invadir o coração, e nos questionamos sobre a existência de Deus, a validade da oração, de toda a nossa vida espiritual.

Ao iniciar a nossa vida de oração, para não desanimarmos nas primeiras barreiras, o Espírito Santo vem em nossa direção e nos oferece consolações espirituais, que são sinais da presença de Deus e do nosso progresso. Passado algum tempo, porém, chega a aridez, um momento difícil, que não é sinal de fracasso, não quer dizer que você errou demais ou que Deus se retirou, como alguns pensam.

No entanto, para que a alma cresça em vida de graça e santidade, Deus permite que você entre na aridez. E esse pode ser um momento de grande evolução na vida espiritual, quando a alma é purificada e se torna mais parecida com Deus. Ter esse olhar sobre a aridez nos permite enfrentar o momento com muita fé em Deus.

Deus fez o homem de corpo e alma. Com isso, é importante compreender que realidades físicas podem causar a aridez. O excesso de agitação e o estresse podem ser fatores determinantes para a aridez. Se assim for, é necessário perceber que um passo para a cura seria retirar os causadores de estresse; por vezes até mesmo um simples descanso pode devolver a alegria à alma. A vida de oração também passa pelo nosso corpo: quando este se encontra cansado, busca a todo custo o descanso. Descansar o corpo para bem rezar.

A aridez pode também ser motivada por fatores espirituais, quando deixamos de olhar para o céu, perdendo de vista a importância de buscar a santidade. Pouco a pouco nos apegamos a pequenas coisas, prazeres passageiros. Esse aprisionamento deixa a alma distante e com dificuldades no relacionamento com Deus. Você busca Deus em suas necessidades, mas, tão logo encontra o que desejava, esquece que Deus não é um mercador, a oração não é uma relação de troca.

Não devemos orar para que Deus faça as nossas vontades; oramos para ter forças para cumprir a vontade divina.

A vida de oração exige esforço. Ninguém cresce na oração se não há dedicação diária. Quando o amor a Deus toma posse do nosso ser, ainda que sem vontade nos colocamos em oração. Esse sacrifício de rezar mesmo sem vontade, além de vencer inúmeras barreiras, é grandioso aos olhos do Pai.

Enfrente a aridez se unido a Jesus no Horto das Oliveiras. Nesse local, Jesus experimentou dores, angústias e, "cheio de angústia, orava com mais insistência ainda" (Lc 22,44). A oração de Jesus foi tão difícil e intensa que "o suor se lhe tornou semelhante a espessas gotas de sangue que caíam por terra" (Lc 22,44). Jesus ensinou a suportar o sofrimento permanecendo na oração.

> NÃO DEVEMOS ORAR PARA QUE DEUS FAÇA AS NOSSAS VONTADES; ORAMOS PARA TER FORÇAS PARA CUMPRIR A VONTADE DIVINA.

Quanto mais escura for a noite, tanto mais nos aproximamos da aurora. Deus sabe o que você está enfrentando. Até mesmo na aridez Deus deve ser louvado. Se for para se sentir abandonado, abandone-se nas mãos de Deus.

Vamos rezar juntos?

"Senhor, mesmo em meio a tantas dores, não me permitas parar de orar. Ainda que meus olhos não estejam te contemplando, não me permitas parar de rezar. Pois eu sei que tu conduzes os cegos pelas mãos. Ainda que minha alma esteja se sentindo solitária, num deserto de profunda solidão e dor, sê minha companhia e não me deixes parar de orar. Tu és minha companhia mesmo quando nada sinto. Ainda que eu precise passar a noite no Horto, sofrendo e angustiado, não me deixes parar de orar. Não te peço que retires a minha dor, apenas que não me deixes parar de orar. Sei que o momento é difícil, mas vou vencer em Nome de Jesus."

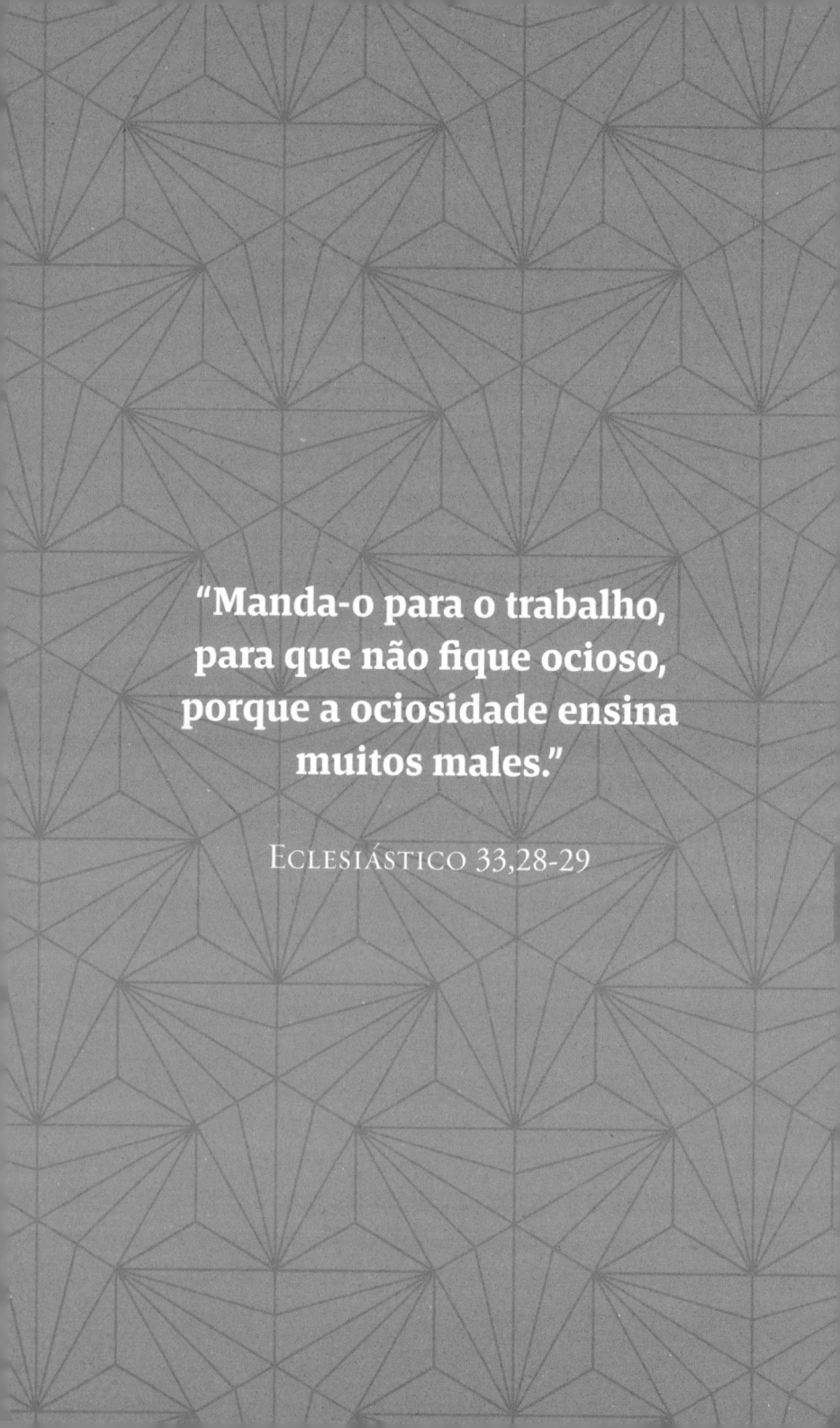

"Manda-o para o trabalho,
para que não fique ocioso,
porque a ociosidade ensina
muitos males."

Eclesiástico 33,28-29

A PREGUIÇA É A MÃE DE TODOS OS VÍCIOS

A preguiça é um vício que leva a alma a fugir do bem e fazer o mal. Há uma diferença entre o pecado e o vício. "O pecado é um ato que passa, o vício é o mau hábito contraído de cair em algum pecado." (Catecismo de São Pio X, 960)

Conhecida também como acídia, a preguiça se encontra na lista dos sete pecados capitais, juntamente com a soberba, a avareza, a luxúria, a ira, a gula e a inveja. Esses pecados são chamados de capitais porque são cabeças de outros pecados, gerando, por sua vez, outros. Os padres da Igreja diziam que a preguiça é a mãe de todos os vícios.

Esse pecado gera na pessoa um aborrecimento, uma aflição por qualquer trabalho que seja, traduzindo-se em fuga do dever ou no seu cumprimento imperfeito. Quando a preguiça adentra a alma, vai causando tristeza na pessoa, retirando-lhe as forças de todas as suas atividades.

Com a preguiça, a alma desanima da prática da vivência das virtudes, ou, ainda pior, a preguiça pode causar desgosto na relação de amizade com Deus. Não podemos olhar para esse pecado como se fosse algo simples. Pelo contrário, é um pecado que pode fazer você perder o reino dos céus. A preguiça ensina muitos males, corrompe muitas pessoas. Todas as más inclinações surgem da preguiça.

Eis o grande mal da preguiça: ela faz você perder o gosto pelas coisas de Deus. Retira sua vontade de orar. Sabemos que, ao entrar no desânimo, precisamos recorrer a Deus com urgência, para sair logo desse estado. No entanto, quando o desânimo é causado pela preguiça, ela te impede de orar, faz de tudo para que você não dê um passo em direção a Deus.

> A PREGUIÇA ENSINA MUITOS MALES, CORROMPE MUITAS PESSOAS. TODAS AS MÁS INCLINAÇÕES SURGEM DA PREGUIÇA.

O preguiçoso foge das orações, ou ora de qualquer jeito. Passa pouco tempo com Deus. Contenta-se em dizer que o que importa não é o tempo que passamos com Deus, e sim a qualidade do momento, e a sua oração é realizada sem o devido fervor; o preguiçoso é sempre negligente quando reza.

Depois que a preguiça adentra a alma, esta começa a fugir de Deus. Desperdiça o tempo com Deus e todas as virtudes que Deus concede às almas que o procuram pela oração.

O preguiçoso não entra no reino dos céus. O céu é para quem luta, para quem se esforça para passar pela porta estreita. O céu é para os valentes. Só quem luta por Deus, por graça, alcança o céu.

Muitas pessoas iniciam a vida de oração, mas não perseveram por causa da preguiça. Iniciam e logo desistem. Não se aprofundam. São como a semente lançada no terreno pedregoso. "Outra parte caiu em lugares pedregosos, onde não havia muita terra. Logo brotou, porque a terra era pouco profunda. Mas, ao surgir do sol, queimou-se e, por não ter raiz, secou."

(Mt 13,5-6) Esse solo pedregoso é explicado por Jesus: "O que foi semeado em lugares pedregosos é aquele que ouve a Palavra e a recebe imediatamente com alegria, mas não tem raiz em si mesmo, é de momento" (Mt 13,20-21). Isso resume bem o que é o preguiçoso, alguém que não cria raiz, que não se aprofunda. É a pessoa que se descuida de sua vida espiritual, colocando em risco a salvação eterna.

Permanecer na preguiça é sempre se deixar vulnerável aos ataques do diabo.

Vamos rezar juntos?

ORAÇÃO PARA VENCER A PREGUIÇA

Vem, Espírito Santo, vem sobre mim, eu preciso de tua libertação. Quero ser libertado na mente, no corpo e no coração. Preciso ser libertado de todo espírito de preguiça. Vem, Espírito Santo, em meu socorro, me ajuda a fazer somente o que for da tua vontade e realizar o bem que for preciso. Não quero mais perder o meu tempo precioso com o que não te pertence. Quero utilizar o meu tempo com coisas produtivas, o meu tempo deve ser utilizado para a ajuda na construção do Reino. Vem, Espírito Santo, e me liberta da preguiça que tenho em fazer as minhas orações. Eu preciso orar mais. Liberta-me da preguiça de realizar as minhas obrigações. Quero ser liberto no corpo e na alma.

Vem, Espírito Santo, e me protege contra todo o ataque do demônio, que por preguiça quer me fazer cair em outros inúmeros pecados.

Sobre em mim, Espírito Santo, para que, liberto de toda preguiça, eu possa tudo realizar junto contigo. Desejo a graça de te servir, de progredir no amor ao Pai. Então, liberta-me, Espírito Santo, de todas as amarras da preguiça, em nome de Jesus. Amém.

Remédio contra a preguiça

Para vencer a preguiça, você precisa de diligência. Ela é o remédio. Diligência significa a atitude daquele que ama. A preguiça causa tristeza em nosso coração, e a diligência nos devolve o amor. A preguiça é sempre contraditória ao amor. Quem ama não experimenta a preguiça. Mas o amor não para, ele não é preguiçoso.

Quando você ama, faz tudo com cuidado, persistindo até o fim para que tudo ocorra da melhor maneira possível. A diligência faz isso para o coração. Ela procura sempre formas de agradar a Deus. A oração do diligente sempre procura uma doação total e da melhor maneira possível. O amor doa o melhor de si. O amor é a entrega de si.

No combate contra a preguiça, a diligência nos ensina a amar e orar. Oração e amor são o nosso remédio. Mesmo em dias difíceis, quando tudo parece não ter solução, a oração do diligente não permite que ele desista. O amor não se cansa. Não pare de orar porque sua vida está cheia de problemas; ore até conseguir vencê-los.

A preguiça te afasta e te leva para longe de Deus, um caminho de tristezas e pensamentos ruins. A diligência, por sua vez, devolve você, para que faça tudo da melhor maneira possível, para que a oração realizada seja a que agrada a Deus, feita da melhor maneira possível. A diligência põe mais amor em nossas obras.

Por meio da diligência, você se organiza melhor, não deixa as coisas sagradas por último. Realiza tudo o que tem por missão, não perde tempo com coisas inúteis. Vive para e com Deus a todo momento.

O diligente aproveita melhor o tempo, pois atua com paciência. O amor é paciente.

Diferentemente da oração do preguiçoso, que às vezes é apressada e diz palavras não pensadas, a oração do diligente é sempre amada, porque foi preparada com antecedência e para orar com calma.

A pressa pode te levar para onde você não quer ir, e você pode se perder pelo caminho. A paciência sempre guia todos os passos.

O que a preguiça te faz perder, a diligência te faz possuir em dobro. Ore para ter as virtudes necessárias para sempre permanecer na graça de Deus.

Vamos rezar juntos?

ORAÇÃO PARA PEDIR A DEUS AS VIRTUDES NECESSÁRIAS PARA A NOSSA VIDA

Concedei-me, ó Deus onipotente e misericordioso, ardentemente desejar, prudentemente descobrir, verazmente conhecer e perfeitamente realizar o que for do vosso agrado.

Para louvor e glória do vosso nome, ordenai meu estado de vida e dai-me saber, poder e querer o que me pedis que faça. E dai-me levá-lo a cabo como convém à salvação de minha alma.

Que o meu caminho até vós seja reto e seguro. Que eu não sucumba na prosperidade nem na adversidade, a fim de não me ensoberbecer na primeira nem desesperar na segunda. Que na fortuna eu vos renda graças e na dificuldade mantenha a paciência. Que eu de nada me alegre ou entristeça senão do que me leve ou afaste de vós. Que a ninguém deseje agradar nem tema aborrecer senão somente a vós.

Dai-me tudo fazer com caridade, e, o que não diz respeito ao vosso culto, reputá-lo como morto. Dai-me praticar minhas ações não por costume, mas referindo-as a vós com devoção.

Que por vós eu não dê valor às coisas transitórias, e me seja caro tudo o que vos diz respeito. Que me compraza, mais do que tudo, todo trabalho que for para vós e me aborreça todo descanso que não seja em vós.

Dai-me, dulcíssimo Senhor, dirigir-vos meu coração frequente e ferventemente e, de alma contrita, emendar com firme propósito a minha fraqueza.

Fazei-me, ó Deus, humilde sem fingimento; alegre sem dissipação; grave sem depressão; maduro sem severidade; vivaz sem leviandade; veraz sem duplicidade; temente sem desespero; confiante sem presunção; casto sem corrupção; corrigir ao próximo sem indignação e edificá-lo por exemplo e palavra sem exageração; obediente sem contradição; paciente sem murmuração.

Dai-me, dulcíssimo Jesus, um coração desperto, para que nenhuma vã curiosidade o afaste de vós; imóvel, para que não ceda a nenhum afeto indigno; infatigável, para que não sucumba em nenhuma tribulação; livre, para que dele não se apodere nenhum prazer violento; e reto, para que não o faça desviar-se nenhuma má intenção.

Concedei-me, dulcíssimo Deus, inteligência para conhecer-vos; diligência para buscar-vos; sabedoria para encontrar-vos; bondade para agradar-vos; perseverança para esperar-vos doce e fielmente; confiança para alcançar-vos felizmente. Fazei-me, pela penitência, suportar vossas penas; utilizar vossos benefícios nesta vida pela graça; e por fim, na pátria eterna, desfrutar de vossos gozos pela glória.

Vós, que com o Pai e o Espírito Santo viveis e reinais pelos séculos dos séculos.

Amém.

"[...] a língua dos sábios cura."

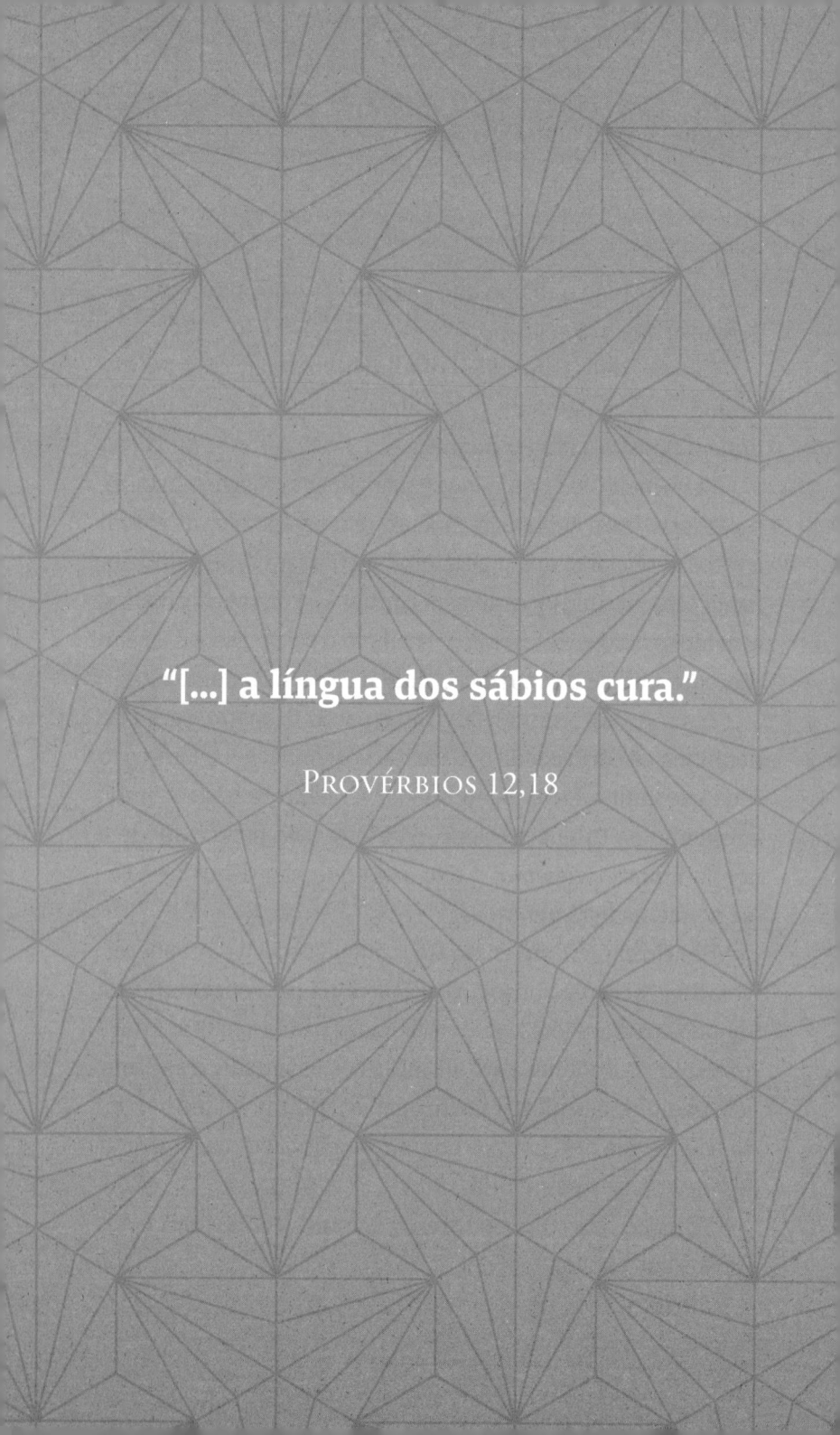

Provérbios 12,18

NUNCA FAÇA NADA SEM ANTES ORAR

Nenhum passo pode ser dado em outra direção se você antes não caminhou para Deus. É preciso tomar cuidado com o que se faz. A oração que fazemos muda quem somos. Somos constantemente transformados quando oramos. Aqui a prova de que você está orando bem, ao orar tudo o que é feito, recebe novos significados. Quando você não ora, tudo o que faz é um completo vazio.

A oração nos preenche e nos faz completos. Completos porque estaremos com aquele que nos ama e nos fez. Ninguém é completo sem Deus. Muito mais do que nos contemplar, Ele nos faz transbordar. Quando ora, você transborda Deus por onde passa.

Esteja sempre com Deus e você será sábio em tudo, até mesmo no falar. Nenhuma palavra boa pode sair de nosso coração se não aprendermos a falar com Deus. Antes de mais nada, crie o hábito de falar com Deus para que depois possa falar com alguém. Ao falar com Deus, o nosso coração se esvazia de nós mesmos e abre espaço para que o Altíssimo possa habitar e falar em nós. Deus faz morada em nós quando não possuímos mais nada de nós e queremos apenas o Tudo que Ele é.

Se você deseja sempre ter palavras sábias e um coração que saiba orar, primeiro se ocupe das coisas de Deus. Fique repleto de Deus, pois "a boca fala aquilo de que o coração está cheio" (Mt 12,34).

Nos acontecimentos diários, nós nos irritamos, ficamos aborrecidos e logo o pensamento nos assalta. Nesse instante temos a tentação de esquecer todos os louvores e a maldizer tudo, soltar palavras que ofendem e que machucam tudo e todos que estão ao redor, esquecendo que nunca devemos falar quando estivermos movidos pelas emoções. Só podemos falar quando estamos movidos por Deus. "Quem vigia a própria boca guarda a sua vida, mas se perde quem escancara os lábios!" (Pr 13,3)

Quem é movido por Deus até mesmo nas dificuldades encontra palavras sábias e edificantes para o bem de todos. Deus move as nossas palavras; Ele sabe como devemos falar e quando devemos silenciar. "Nas muitas palavras não falta ofensa, quem retém os lábios é prudente." (Pr 10,19) Há momentos que exigem o nosso silêncio, quando este é a melhor resposta ou a melhor oração. Deus nos ensina a orar quando nada mais favorece a oração.

Por mais que alguém tenha despertado a sua raiva, ou sua fúria, ainda que você tenha ficado desapontado ou triste com essa pessoa, mesmo que todas as suas palavras estejam "na ponta da língua" e que você tenha até mesmo ensaiado o que iria falar, se antes não falou com Deus, é melhor se calar.

Se falássemos mais com Deus, não ofenderíamos as pessoas, não magoaríamos quem nos ama ou quem amamos. Falar com Deus proporciona uma pausa no nosso momento de dor, e nos alivia. Dissipa o ódio que estamos sentindo e nos faz amar. Afasta o olhar de que não há outra solução e nos faz enxergar. Nos dá palavras de amor, quando o que desejamos era brigar.

Falar com Deus proporciona uma pausa no nosso momento de dor, e nos alivia.

Deus nos faz melhores, e isso não vai mudar.

Se você falasse mais com Deus, teria palavras mais sábias, e saberia que existem momentos em que o melhor a se fazer é falar unicamente com Ele. Quando alguém te ofender e disparar palavras ofensivas contra você, olhe para essa pessoa e diga: "Vamos parar por aqui, orar primeiro e depois voltamos. Se ainda tivermos vontade de brigar, nós continuamos de onde paramos". Tenho certeza de que a vontade de ofender vai embora quando Deus se faz presente.

Você só se ofende quando Deus não está presente. Só se magoa quando Deus está ausente. No entanto, Deus só se ausenta se você não permite que Ele permaneça. Fuja de tudo para estar com Ele, abra mão de tudo para conseguir o amor da sua vida.

Quando falamos com Deus, Ele dirige o nosso pensar; quando não falamos com Ele, somos dirigidos por nosso querer, e nem tudo o que desejamos pertence ao desejo de Deus. O nosso querer só pode ser vivido se também for o querer de Deus.

Provérbios é um grande livro de sabedoria. É ele que nos ensina:

> "A boca do justo é fonte de vida,
> mas a boca dos ímpios encobre violência.
> O ódio provoca querelas,
> o amor cobre todas as ofensas.
> Nos lábios do prudente há sabedoria,
> a vara é para o ombro do sem juízo.

Os sábios entesouram o conhecimento,
mas a boca do estulto é perigo iminente" (Pr 10,11-14)

Quem age pela cólera acaba pecando. Quem espera o agir de Deus é curado e se torna instrumento de cura. "Há quem tenha a língua como espada, mas a língua dos sábios cura." (Pr 12,18)

Nenhuma palavra pode ser dita se com ela não lançarmos Deus ao outro. Quem é filho de Deus fala como seu Pai fala. A proximidade e a intimidade com Deus nos tornam semelhantes a Ele, até mesmo no falar.

"Não saia dos vossos lábios nenhuma palavra inconveniente, mas, na hora oportuna, a que for boa para edificação, que comunique graça aos que a ouvirem." (Ef 4,29). Sem Deus, sempre se cale, e que só Ele fale.

Ainda que aparente ser uma verdade, se não há Deus, suas palavras não edificam e não servem. Sem Deus, nenhuma verdade existe.

> SEM DEUS, SEMPRE SE CALE,
> E QUE SÓ ELE FALE.

Com Deus, as palavras podem até ferir, mas sempre hão de curar. Sem Deus, as palavras costumam matar.

Aprenda a orar sempre, antes de qualquer coisa. Ore e apenas ore. Se for para falar, fale com Deus ou de Deus, e você será feliz.

Vamos rezar juntos?

Senhor Deus, que eu aprenda a ter mais intimidade contigo. Não sei como falar, não sei como orar, mas sei que, se eu estiver próximo de ti, sempre terei palavras acertadas. Não palavras que magoam, que ofendem, que matam, mas palavras que curam. Eu quero, meu Deus, que meus lábios sejam ocasião de cura para todos aqueles que me ouvirem. Purifica meu coração e não permitas que eu seja movido pela raiva, pelo ódio ou por mágoas, mas que sempre seja movido pelo teu Santo Espírito. Eu te peço, meu Pai, que eu possa ser transformado para que também eu seja ocasião de transformação onde eu me encontrar. Retira de meus lábios toda a iniquidade e me dá palavras acertadas. Eu quero, Senhor Jesus, e creio que a partir de hoje eu seja transformado em tudo o que eu for realizar, até mesmo no meu falar.

Amém.

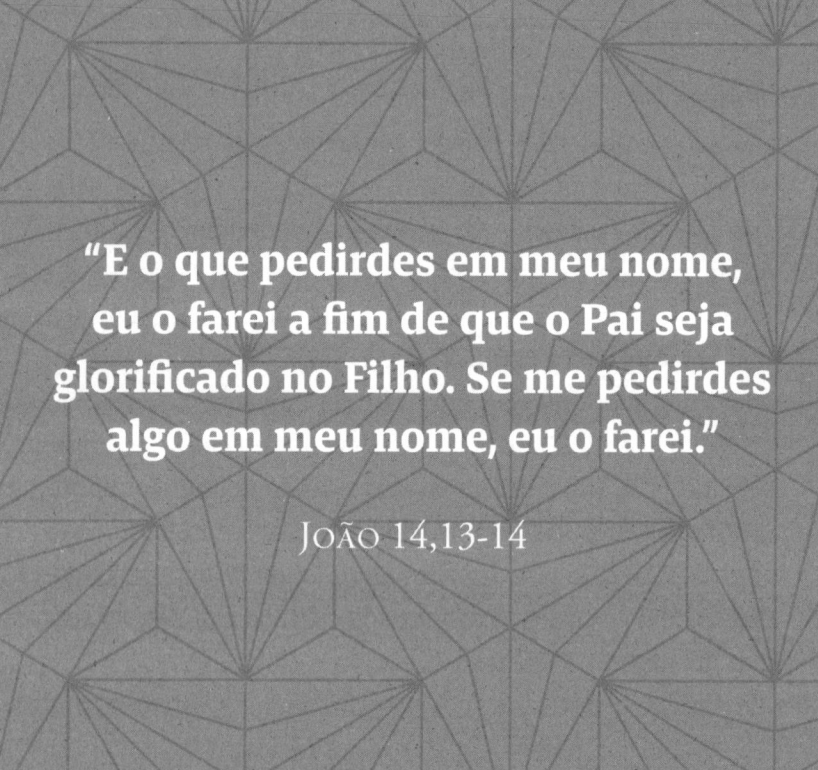

"E o que pedirdes em meu nome, eu o farei a fim de que o Pai seja glorificado no Filho. Se me pedirdes algo em meu nome, eu o farei."

João 14,13-14

ORAÇÃO NA SAGRADA ESCRITURA

A Sagrada Escritura nos ensina a orar. São vários os modelos de oração que podemos utilizar para falar ainda mais do poder da oração e de como rezar sem medo. Preparei alguns exemplos de orações para que possamos aprofundar ainda mais esse tema.

É importante lembrar que as orações mais belas e poderosas da Bíblia foram feitas por pessoas como eu e você. Não eram pessoas extraordinárias, mas fizeram coisas extraordinárias porque oraram. É a partir da oração que nos tornamos grandes. Tudo o que você precisa para orar é de você e de Deus.

Através da oração, encontramos pessoas realizando coisas impossíveis, conquistando vitórias em meio a guerras, experimentando prodígios de Deus. Isso deixa bem nítido que para Deus nada é impossível, e para quem ora também. Deus age pela oração. Esta pode ser feita à noite ou de manhã, sozinho ou em comunidade, e ela pode alcançar inúmeras bênçãos para a sua vida. Só não alcança a graça de Deus quem não reza. Muitas pessoas se perguntam qual o propósito de Deus para a vida delas; não sei se você também se pergunta isso, mas já deixo a resposta: o grande propósito de Deus para você é uma vida de oração.

O seu propósito é orar, e o que virá depois será por obra de Deus. A Bíblia nos revela alguns passos para que a oração seja atendida. Por exemplo:

- **Pedidos:** "Pedi e vos será dado; buscai e achareis; batei e vos será aberto; pois todo o que pede recebe; o que busca acha e ao que bate se lhe abrirá" (Mt 7,7-8).
- **Fé:** "Se alguém dentre vós tem falta de sabedoria, peça-a a Deus, que a concede generosamente a todos, sem recriminações, e ela ser-lhe-á dada, contanto que peça com fé, sem duvidar, porque aquele que dúvida é semelhante às ondas do mar, impelidas e agitadas pelo vento. Não pense que tal pessoa que vai receber coisa alguma do Senhor, dúbio e inconstante como é em tudo o que faz" (Tg 1,5-8).
- **Obediência:** "Caríssimos, se o nosso coração não nos acusa, temos confiança diante de Deus; e tudo o que lhe pedimos recebemos dele, porque guardamos os seus mandamentos e fazemos o que lhe é agradável" (1Jo 3,21-22).
- **Confiança e aceitação da vontade de Deus:** "Esta é a confiança que temos em Deus: se lhe pedimos alguma coisa segundo a sua vontade, ele nos ouve. E, se sabemos que Ele nos ouve em tudo o que lhe pedimos, sabemos que possuímos o que havíamos pedido" (1Jo 5,14-15).
- **Pedidos no nome de Jesus:** "E o que pedirdes em meu nome, eu o farei a fim de que o Pai seja glorificado no Filho. Se me pedirdes algo em meu nome, eu o farei" (Jo 14,13-14).

Esses são apenas alguns exemplos de como fazer uma boa oração. Convido você agora a ler comigo algumas orações na Sagrada Escritura e a meditar sobre elas.

Vamos rezar juntos?

ORAÇÃO PARA ANTES DE LER A BÍBLIA

Ó Senhor Jesus Cristo, abre os olhos do meu coração para que eu possa ouvir a tua Palavra, que eu entenda e faça a tua vontade, pois sou um peregrino na Terra. Não escondas de mim os teus mandamentos, mas abre os olhos, para que eu possa perceber as maravilhas da tua lei. Fala para mim as coisas ocultas e secretas da tua sabedoria. Em ti coloco minha esperança, ó meu Deus, de iluminar minha mente e meu entendimento com a luz do teu conhecimento; não apenas para valorizar as coisas que estão escritas, mas para realizá-las, pois tu és a luz para aqueles que jazem nas trevas, e de ti vêm toda boa ação e toda graça.

Amém.

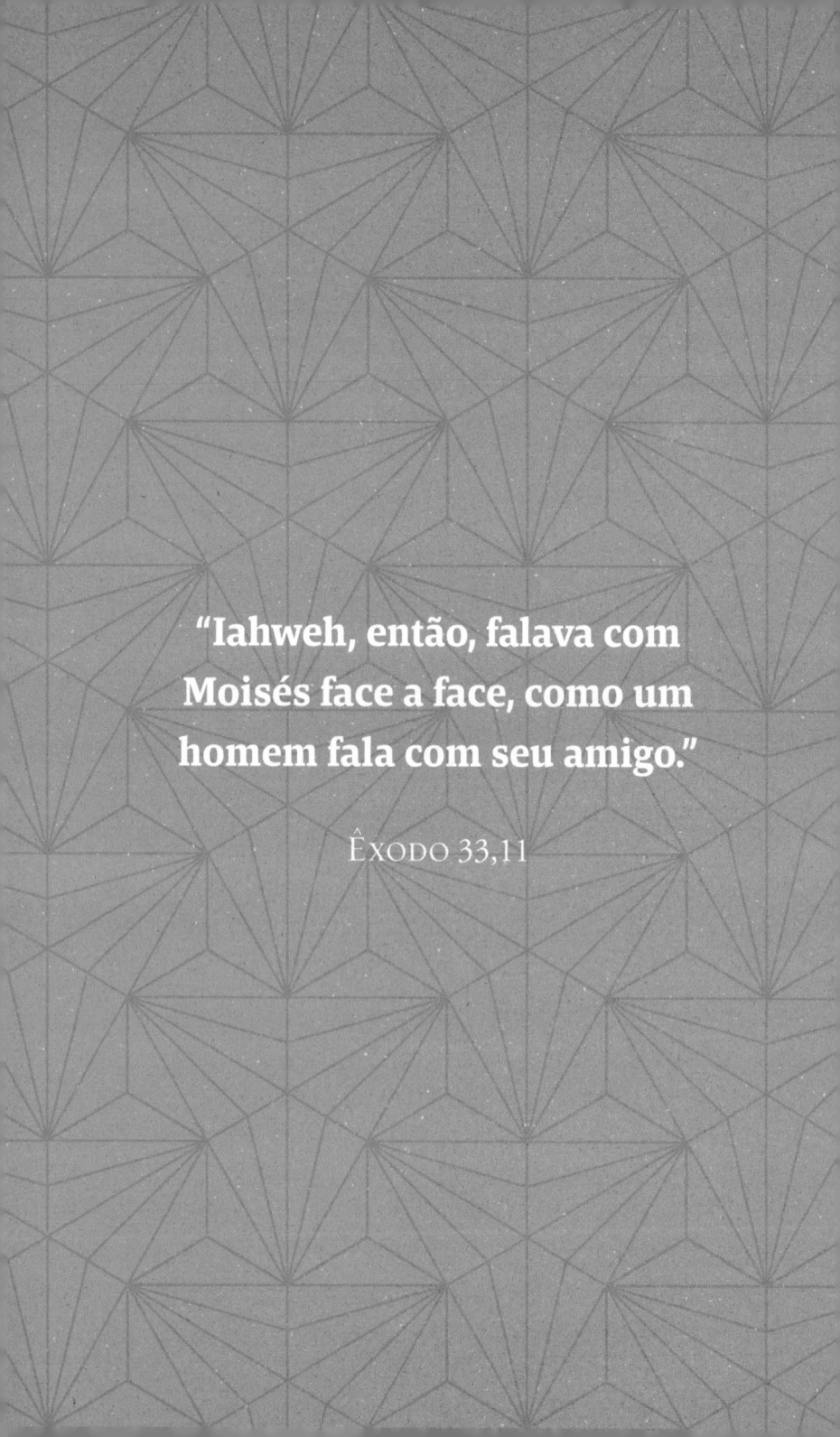

> "Iahweh, então, falava com Moisés face a face, como um homem fala com seu amigo."
>
> Êxodo 33,11

ORAÇÃO NO ANTIGO TESTAMENTO

Não podemos esperar uma inspiração do céu para iniciar nossa vida de oração. A oração não é apenas um impulso que vem de dentro, ela exige o nosso querer. Não basta saber o que é oração, é preciso que façamos um esforço para aprender a orar. Uma das belas formas de aprender a orar é rezar com os exemplos de oração que encontramos na Sagrada Escritura.

O Antigo Testamento nos ensina a orar a partir da queda e elevação do homem, e principalmente entre o chamado de Deus: Onde tu estás? E a resposta do filho: *"Eis-me aqui, [...] eu vim, ó Deus, para fazer a tua vontade"* (Hb 10,7).

É a partir das realidades humanas que se vive a oração. A oração é uma caminhada com Deus, é o que vivemos ao lado do Senhor, a relação com Deus dentro da nossa história. Assim foi no Gênesis, com a oferenda dos primogênitos do rebanho de Abel, a invocação do Nome divino por Enós, a oferenda de Noé. A oração é vivida pelos justos, é uma relação de aliança com Deus que os chama a orar.

Um dos primeiros chamados por Deus foi Abraão, que obedeceu a esse chamado. A oração necessita da submissão à vontade divina, e Abraão nos ensina que primeiro a oração vem com atos e somente depois, se preciso, usamos palavras. Esse foi um homem que escutava e seguia atentamente o que Deus lhe falava, em um constante silêncio de quem confia em quem te guia. Cada momento da história de Abraão era como se um altar fosse construído em seu coração. A oração vai construindo altares em nós.

Abraão orou tanto que seu coração ficou sintonizado com o coração de Deus, o que o deixou pronto para realizar qualquer vontade divina. Abraão não negou a vontade de Deus, nem mesmo quando o Senhor lhe pediu seu filho em sacrifício.

Com Jacó, aprendemos que a oração é um combate, um combate da fé, e vence quem persevera. Antes de enfrentar Esaú, Jacó lutou a noite inteira com o Anjo de Deus e só o soltou quando recebeu a bênção, antes do nascer do dia.

Em Moisés encontramos o modelo de oração de intercessão, o qual se tornou o intercessor do povo junto a Deus. O Senhor tomou a iniciativa de chamar Moisés na sarça ardente. Ele o chamou para enviá-lo em missão. E Deus insistiu para Moisés aceitar a sua palavra, e após um longo momento este conformou em seu coração a missão que recebera. Moisés nos ensina a orar, e com ele vemos que podemos dialogar com Deus e interrogá-lo, sabendo que Ele responderá.

Moisés conversava com Deus e passava longos períodos em oração. Ele subia ao monte para orar e conversava com Deus face a face. "Iahweh, então, falava com Moisés face a face, como um homem fala com seu amigo." (Ex 33,11) "Falo-lhe face a face, claramente e não em enigmas, [...]." (Nm 12,8). Moisés é o modelo de oração de intercessão.

O rei Davi nos ensina como a oração é aprendida. Ele aprendeu a orar principalmente com os pastores e os profetas.

Samuel aprendeu a orar com sua mãe e com o sacerdote Eli. Davi foi o modelo de rei segundo o coração de Deus. Mostrava submissão à vontade de Deus e nos ensinou a orar com louvor e arrependimento. Com Davi, aprendemos que a oração é uma conformidade à vontade de Deus, confiando em tudo o que há em sua Palavra. Ele nos revela a oração de súplica orando por si, por seu povo, pedindo perdão pelos pecados, por aquilo de que precisamos diariamente e para que todos conheçam o amor de Deus.

O Senhor deseja a oração de seu povo e implora por isso. Deus preparou caminhos de oração. Deixou o templo, com todas as peregrinações e festas, como sinais de sua santidade, para que o homem pudesse lhe render glórias. E mesmo assim o homem permaneceu com o coração endurecido. Sem a conversão do coração, não há oração. A oração brota de um coração que se converte ao Senhor.

Ainda no Antigo Testamento encontramos os profetas, entre os quais Elias recebe o maior destaque. O nome Elias significa "O Senhor é meu Deus". Esse homem aprendeu a misericórdia de Deus e ensinou à viúva de Sarepta a importância da fé na Palavra de Deus. Fé que advém de uma oração insistente. Como podemos ver em sua oração:

> "'Iahweh, meu Deus, até a viúva que me hospeda queres afligir, fazendo seu filho morrer?' Estendeu-se por três vezes sobre o menino e invocou Iahweh: 'Iahweh, meu Deus, eu te peço, faze voltar a ele a alma deste menino!'. Iahweh atendeu a súplica de Elias e alma do menino voltou a ele e ele reviveu. Elias tomou o menino, desceu-o do quarto de cima para dentro da casa e entregou-o à sua mãe, dizendo:

'Olha, teu filho está vivo'. A mulher respondeu a Elias: 'Agora sei que és um homem de Deus e que Iahweh fala verdadeiramente por tua boca!'" (1Rs 17,20-24).

No monte Carmelo, Elias suplicou e o Senhor enviou fogo para consumir o holocausto. O homem escondeu-se na fenda da rocha até que se passasse a presença de Deus, encontrando-o na brisa suave.

Os profetas nos ensinam que toda a nossa força vem do encontro com Deus face a face. A oração precisa da contemplação da face de Deus. Ela não deve ser uma fuga do mundo no qual nos encontramos, e sim a escuta e obediência da palavra de Deus. Na oração, às vezes debateremos com Deus, levantaremos uma queixa, intercederemos e clamaremos por sua vinda.

Os salmos essenciais à vida de oração nos ensinam continuamente a orar. São a expressão da oração do povo de Deus. No saltério, a Palavra de Deus se torna oração. Nos outros livros do Antigo Testamento, as palavras proclamam as obras de Deus em favor da humanidade. Nos salmos se exprimem as obras de salvação, obra de Deus e resposta humana. As suas expressões tomam conta do coração do homem. Nos salmos encontramos hinos, orações de aflição, ação de graças, súplicas individuais ou comunitárias, cantos de peregrinação ou de aclamação ao rei, meditações. Os salmos são reflexos daquilo que Deus operou na história. Eles nos ensinam a orar com simplicidade e espontaneidade.

Vamos rezar juntos?

Salmo 1

"Feliz o homem
Que não vai ao conselho dos ímpios,
Não para no caminho dos pecadores,
Nem se assenta na roda dos zombadores.
Pelo contrário:
Seu prazer está na Lei de Iahweh,
E medita sua Lei, dia e noite.
Ele é como a árvore
Plantada junto a riachos:
Dá seu fruto no tempo devido
e suas folhas nunca murcham;
tudo o que ele faz é bem-sucedido.
Não são assim os ímpios!
Pelo contrário:
São como a palha que o vento dispersa...
Por isso os ímpios não ficarão de pé no julgamento,
Nem os pecadores no conselho dos justos.
Sim, Iahweh conhece o caminho dos justos,
Mas o caminho dos ímpios perece."

"O meu coração exulta
em Iahweh."

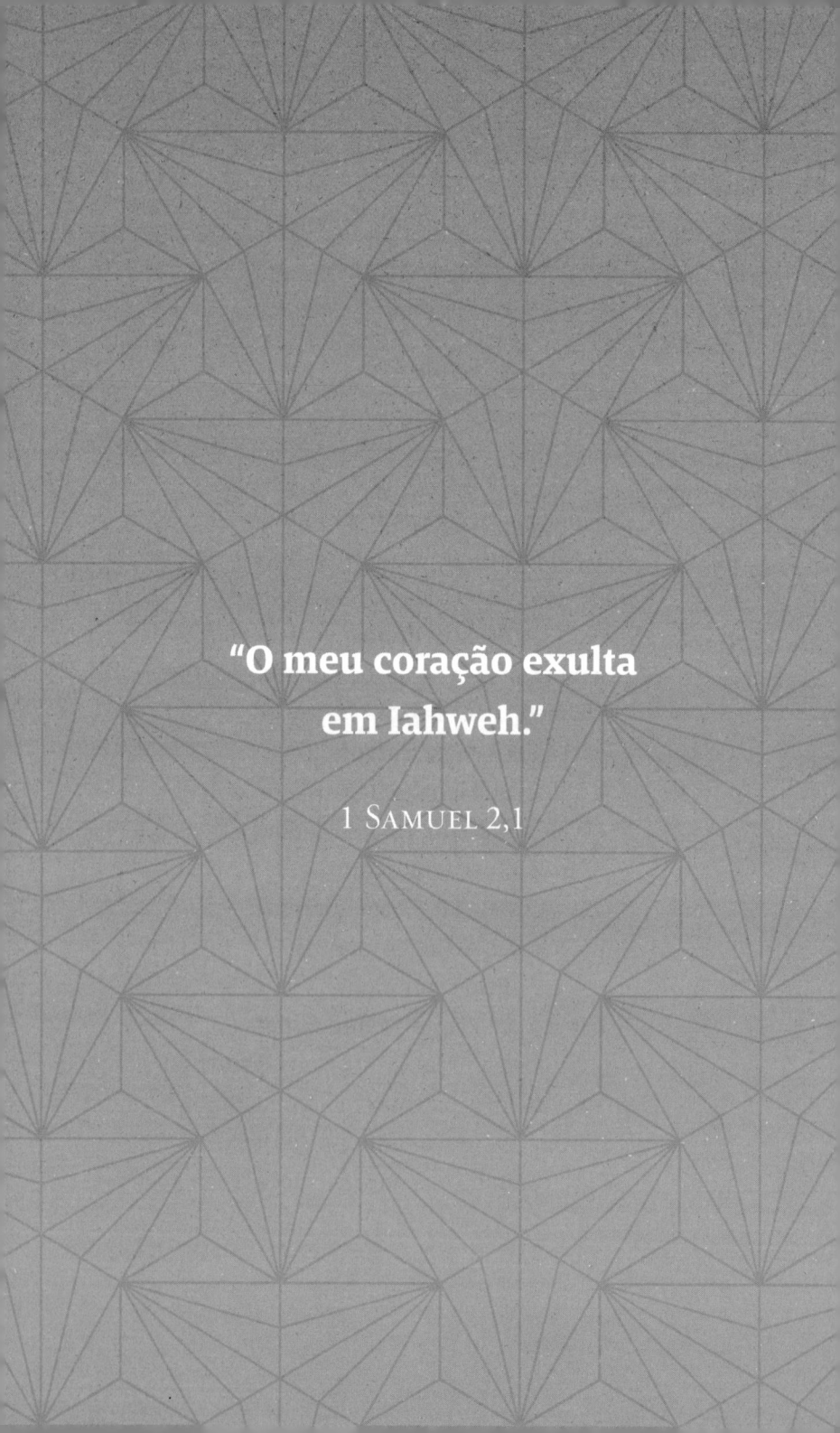

1 Samuel 2,1

ORAÇÕES PODEROSAS NO ANTIGO TESTAMENTO

A oração de Ana

"Iahweh dos Exércitos, se quiseres dar atenção à humilhação da tua serva e te lembrares de mim, e não te esqueceres da tua serva e lhe deres um filho homem, eu o consagrarei a Iahweh por todos os dias da sua vida, e a navalha não passará sobre sua cabeça." (1Sm 1,11)

Para que você entenda essa oração, primeiro precisa compreender quem era Ana. A oração não se separa da vida. Toda e qualquer oração tem uma história por trás dela; tão linda quanto a oração é a história que ela carrega.

Ana era esposa de Elcana, que também tinha outra mulher, chamada Fenena.

Fenena tinha filhos e Ana não tinha nenhum. Naquele tempo era causa de grande vergonha e humilhação não ter filhos. Ana vivia o drama de ver o marido ter outra mulher que já havia lhe gerado filhos, e ela permanecia incapaz de gerar uma criança. Ana experimentava a dor de ser uma mulher estéril, e por isso era humilhada, até mesmo por Fenena. "A sua rival também a irritava humilhando-a, porque Iahweh a tinha deixado estéril." (1Sm 1,6) Com isso, Ana chorava e não se alimentava.

Anualmente eles saíam de sua cidade para adorar e oferecer sacrifícios a Iahweh em Silo. Num dado momento, após comerem e beberem, Ana se levantou e, na amargura de sua alma, proferiu sua oração em meio a lágrimas.

A oração de Ana nasceu de uma dor. Não foi um momento feliz que a fez orar; ela orou porque estava amargurada. Em tom de desespero, pois os dias se passavam e, sem engravidar, ela era humilhada e alvo de zombaria.

Quando o momento de dor é grande, só a verdade permanece. Ninguém consegue manter um personagem quando o sofrimento domina. A oração que nasce da dor sempre é ouvida por Deus porque é verdadeira.

> A ORAÇÃO QUE NASCE DA DOR SEMPRE É OUVIDA POR DEUS PORQUE É VERDADEIRA.

A oração de Ana não foi grande em palavras, mas foi grande em significado. Era toda uma história que estava contida naquela oração, que foi dividida em dois grandes momentos. Primeiro Ana se colocou em pé. A posição na oração é sempre muito importante, e precisamos encontrar alguma que a favoreça. Ana orou em pé. Nem só de joelhos se reza, embora rezar ajoelhado seja um suporte contra as distrações. Mas Ana se colocou em pé, impondo-se. Ela sofria fazia muito tempo, tinha dores acumuladas que não lhe permitiam pensar em mais nada a não ser em ficar em pé e clamar.

Ana chamou a atenção de Deus para si, falou num tom de extrema confiança. Ela tinha fé que Deus poderia dar o que estava pedindo. Realizado o seu pedido, que era ter um filho e sair da vergonha, ela prometeu que consagraria a criança a Iahweh e que jamais a navalha passaria na cabeça daquele filho.

Sua oração começou a prolongar-se, e, embora movesse os lábios, já não se ouvia mais nada do que era dito. Ela estava em uma oração tão poderosa que foi envolvida por Deus. Existem experiências de oração que nos fazem esquecer o nosso tempo e viver o tempo do céu. Haverá momentos em que isso acontecerá com você: você vai se perder em oração e se encontrar em Deus.

Ana foi acusada de estar embriagada e respondeu do seguinte modo: "Não, meu senhor, eu sou uma mulher atribulada; não bebi vinho nem bebida forte: derramo a minha alma perante Iahweh. Não julgues a tua serva como uma vadia. É porque estou muito triste e aflita que tenho falado até agora" (1Sm 1,15-16). Encontramos nas palavras dessa mulher uma grande definição do que é a oração: orar é derramar a alma em Deus.

A história de Ana a fez permanecer orando por um longo período. Que a sua vida te faça orar. Na alegria ou na dor, que a sua vida te faça orar.

Depois, Ana seguiu seu caminho e o aspecto dela já não era o mesmo. A oração já havia produzido frutos em Ana. A oração causa mudanças não apenas espirituais mas também físicas.

Ana alcançou o que para muitos seria impossível: ela engravidou e foi mãe de vários filhos, dentre os quais Samuel, que significa "Eu o pedi a Iahweh", um dos grandes profetas do Antigo Testamento.

Samuel foi fruto de uma oração.

São muitas as histórias que encontramos como a de Ana, inúmeras as mulheres que lutam para ter filhos e não conseguem. Por isso, sob a inspiração de Ana, se essa for a sua vontade, convido você a rezar uma oração para pedir o dom da maternidade:

Vamos rezar juntos?

ORAÇÃO A NOSSA SENHORA DO Ó

Peça a graça da gravidez

"Doce Virgem Maria, cujo coração foi por Deus preparado para morada do verbo feito carne pelas inefáveis alegrias da expectação de vosso santíssimo parto, ensinai-nos as disposições perfeitas de uma íntegra pureza no corpo e na alma, de uma humildade profunda no espírito e no coração, de um ardente e sincero desejo de união com Deus, para que o meigo fruto de vossas benditas entranhas venha a nascer misericordiosamente em nossos corações, a eles trazendo a abundância dos dons divinos, para redenção dos nossos pecados, santificação de nossa vida e obtenção de nossa coroa no Paraíso, em vossa companhia. Assim seja.
Amém."

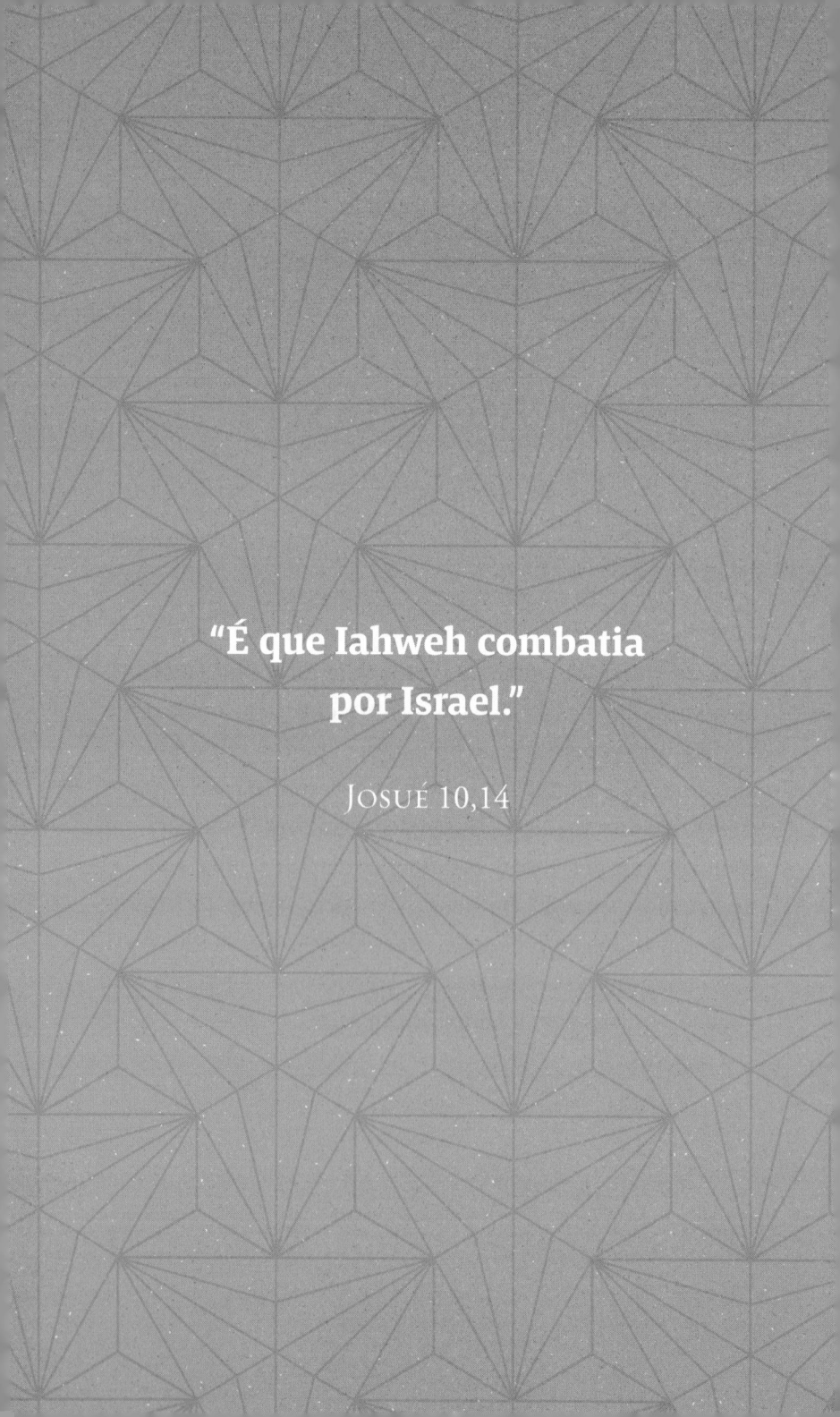

> "É que Iahweh combatia
> por Israel."
>
> Josué 10,14

A ORAÇÃO DE JOSUÉ

"Disse Josué na presença de Israel:
'Sol, detém-te em Gabaon,
E tu, lua, no vale de Aialon!'
E o sol se deteve e a lua ficou imóvel até que o povo se vingou dos seus inimigos.

Não está isso escrito no livro do Justo? O sol ficou imóvel no meio do céu e atrasou o seu ocaso de quase um dia inteiro. Nunca houve dia semelhante, nem antes, nem depois, quando Iahweh obedeceu à voz de um homem. É que Iahweh combatia por Israel." (Js 10,12-14).

Josué foi um grande líder do povo de Israel. Também esteve no deserto e não se deixou abater diante das dificuldades encontradas. Quando sabemos aonde queremos chegar, nenhum deserto nos impede. Josué tinha a esperança da terra prometida e sabia que a Palavra de Deus não falharia. Josué foi o sucessor de Moisés.

A história dessa oração foi a seguinte: Adonisedec, rei de Jerusalém, soube que Josué havia tomado a cidade de Hai, assim como fizera com Jericó, e havia feito paz com Gabaon. Isso o deixou apavorado. Por isso, reunindo-se com quatro outros reis,

Adonisedec decidiu combater contra Gabaon. Os reis de Jerusalém, Hebron, Jarmut, Laquis e Eglon, atacaram a cidade.

Contudo, Gabaon pediu socorro a Josué, que subiu para o socorro daquela cidade e logo ouviu de Deus as palavras: "Não os temas: eu os entreguei nas tuas mãos e nenhum dentre eles te resistirá" (Js 10,8). Aqui, deixo o destaque para o que Josué foi realizar. Ele entrou numa batalha de Deus. Seguiu o Senhor, que o faria vitorioso.

Quando Deus promete algo, as circunstâncias são o de menos; se Deus prometeu, vai acontecer. Os grandes combatentes de Deus não se preocupavam com quem eles enfrentariam, pois sabiam quem estaria à frente. A grande preocupação era se Deus estaria presente. Eles sabiam que, se Deus fosse junto, a vitória já estaria em mãos.

> OS GRANDES COMBATENTES DE DEUS NÃO SE PREOCUPAVAM COM QUEM ELES ENFRENTARIAM, POIS SABIAM QUEM ESTARIA À FRENTE.

Se você passa por uma batalha, não tema: se Deus estiver presente, a vitória será sua. Apenas continue orando e lutando.

Com Deus, Josué subiu e derrotou aqueles reis que fugiram de sua presença. E, para terminar essa batalha, Josué se pôs atrás deles. Para que o dia não findasse, trazendo a noite e interrompendo a guerra, Josué orou para que o sol e a lua parassem até que houvesse a vingança contra os reis amorreus.

A Palavra nos ensina que a fé move montanhas, a fé move árvores. A fé de Josué era tamanha que fez o sol e a lua pararem. Quem ousaria pedir tal coisa se antes não soubesse que para

Deus nada é impossível? Josué já havia visto muitos prodígios de Deus, era discípulo de Moisés, que abrira o Mar Vermelho, que fizera sair água da rocha, que fizera descer o Maná e tantos outros sinais. Assim, Josué sabia que o que iria pedir seria atendido.

Josué tinha não somente o conhecimento de Deus mas também uma grande intimidade com Ele. Quando você luta as batalhas de Deus, o Senhor luta as suas. Deus faz isso. Quem tem Deus sabe que Ele cuida de tudo.

> A Palavra nos ensina que a fé move montanhas, a fé move árvores. A fé de Josué era tamanha que fez o sol e a lua pararem.

A oração de Josué fez Deus obedecer a sua voz. Deus atende às palavras de quem pede com fé. Primeiro ouvimos a voz de Deus e seguimos sua voz, depois Ele escuta a nossa oração e vem em nosso socorro.

Uma oração é capaz de parar o sol e a lua, e muitas vezes você duvida da oração que faz. Duvida porque não conhece Deus suficientemente para saber que você pode pedir tudo e Ele fará, se for para o seu bem e para a maior glória do Nome de Deus.

Se uma oração pode parar o sol e a lua, por que não mudaria a sua vida? Por que pela oração Deus não iria te transformar?

Você duvida muito daquilo que Deus lhe pede e fica implorando por sinais vindos do céu. Esquece que, se orasse, você poderia pará-lo. Nada pode resistir à oração. Nem as muralhas, nem o sol, nada pode resistir a esse grande poder que é orar.

> NADA PODE RESISTIR À ORAÇÃO.
> NEM AS MURALHAS, NEM O SOL,
> NADA PODE RESISTIR A ESSE
> GRANDE PODER QUE É ORAR.

A oração de Josué prolongou o dia para o combate não terminar sem a vitória completa do povo de Deus. O que você quer pedir a Deus parece uma grande loucura? Experimente pedir e verá. Se for para o seu bem, você receberá. O sol parou por Josué; Deus para o céu para te ouvir rezar.

VAMOS REZAR JUNTOS?

SÃO MIGUEL ARCANJO

São Miguel Arcanjo, defendei-nos no combate.
Sede o nosso refúgio contra as maldades
e ciladas do demônio.
Que Deus manifeste o seu poder sobre ele.
Eis a nossa humilde súplica.
E vós, Príncipe da Milícia Celeste, com o poder
que Deus vos conferiu, precipitai no inferno
Satanás e os outros espíritos malignos, que
andam pelo mundo tentando as almas.
Amém.

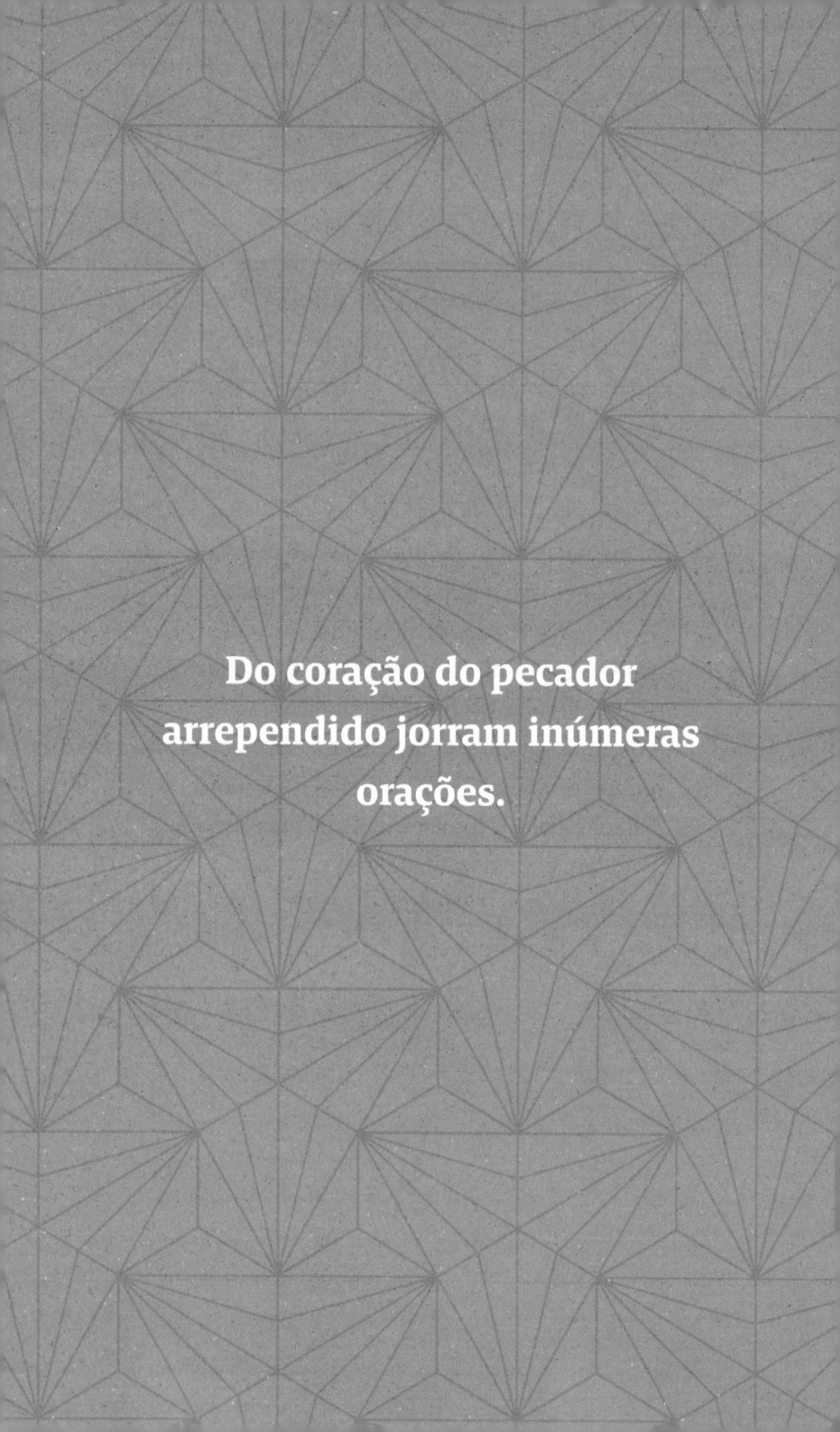

Do coração do pecador arrependido jorram inúmeras orações.

A ORAÇÃO DE DAVI

Poderíamos falar de várias orações do rei Davi. A ele são atribuídos os salmos da Sagrada Escritura. Os salmos são orações por excelência, a oração oficial da Igreja. Porém, quero destacar o Salmo 50, que nasceu após um pecado de Davi.

Passeando por seu palácio, do terraço Davi avistou uma bela mulher tomando banho. Ela era Betsabeia, mulher de Urias. O rei a chamou para junto de si e, deitando-se com ela, a engravidou.

Tendo conhecimento da gravidez de Betsabeia, Davi mandou chamar o marido dela, Urias, que estava na guerra, para que ele dormisse com sua mulher e assim julgasse que o filho que Betsabeia estava esperando era dele. Urias não fez isso. Por estar em guerra, não se deitou com sua mulher, pois a continência era uma regra religiosa de guerra.

Davi tentou por diversas vezes fazer Urias se deitar com sua mulher, mas não conseguiu seu objetivo. Chamou, então, Joab e pediu que colocasse Urias no ponto mais perigoso da batalha para que ele pudesse morrer. E isso aconteceu. Davi, após cometer um pecado, planejou a morte de um homem, outro pecado grave.

Enviado por Deus, o profeta Natã procurou o rei Davi e lhe disse:

> "Havia dois homens na mesma cidade, um rico e o outro pobre. O rico possuía ovelhas e vacas em grande número. O pobre nada tinha senão uma ovelha, só uma pequena ovelha que ele tinha comprado. Ele a criara e ela cresceu com ele e com os seus filhos, comendo do seu pão, bebendo na sua taça, dormindo no seu colo: era como sua filha. Um hóspede veio à casa do homem rico, que não quis tirar das suas ovelhas ou de suas vacas para servir ao viajante que o visitava. Ele tomou a ovelha do homem pobre e a preparou para a visita.
>
> Davi se encolerizou contra esse homem e disse a Natã: 'Pela vida de Iahweh, quem fez isso é digno de morte! Devolverá quatro vezes o valor da ovelha, por ter cometido tal ato e não ter tido piedade.' Natã disse a Davi: 'Esse homem és tu!'" (2Sm 12,1-7).

Davi reconheceu o seu pecado e, de um momento de encontro de si, nasceu o poderoso Salmo 50, sempre utilizado em celebrações penitenciais.

Do pecador arrependido nascem orações. Quando Davi estava no pecado, não se importou com mais nada a não ser a fuga da culpa ou o julgamento alheio. Como já vimos, o pecado é uma das grandes dificuldades da oração. Para vencê-lo, é preciso pedir o auxílio de Deus e orar bastante. Se você orar, com toda a sua fé, para se libertar do pecado, alcançará a vitória em nome de Jesus.

Vamos rezar juntos?

Senhor Jesus, coloco-me diante de ti, tal como sou.
Sinto grande desgosto pelos meus pecados.
Arrependo-me dos meus pecados; por favor, perdoa-me!
No teu nome, eu perdoo a todos por tudo
o que fizeram contra mim.
Renuncio a Satanás, aos espíritos malignos
e a todas as suas obras.
Dou-me inteiramente a ti, Senhor Jesus.
Agora e para sempre, convido-te para a minha vida.
Jesus, aceito-te como meu Senhor, Deus e salvador.
Cura-me, transforma-me, fortalece o meu corpo,
a minha alma e o meu espírito.
Vem, Senhor Jesus, cobre-me com o teu
precioso sangue e enche-me do Espírito Santo.
Amo-te, Senhor Jesus!
Louvo-te, Jesus!
Dou-te graças, Jesus!
Seguir-te-ei em todos os dias da minha vida.
Amém.

A ORAÇÃO DE EZEQUIAS

Ezequias orou assim na presença de Iahweh:

"Iahweh, Deus de Israel, que estás sentado sobre os querubins, tu és o único Deus de todos os reinos da terra, tu fizeste o céu e a terra. Inclina teus ouvidos, Iahweh, e escuta, abre teus olhos, Iahweh, e vê! Escuta as palavras de Senaquerib, que mandou emissários para insultar o Deus vivo. É verdade, Iahweh, os reis da Assíria devastaram as nações, lançaram ao fogo seus deuses, pois aqueles não eram deuses, mas obras de mãos humanas, madeira e pedra; por isso puderam aniquilá-los. Mas agora, Iahweh, nosso Deus, livra-nos de sua mão, te suplico, e que todos os reinos da terra saibam que só tu és Deus, Iahweh!" (2Rs 19,15-19).

Ezequias, descendente de Davi e cujo nome significa "Iahweh é minha força", foi um dos grandes Reis de Judá. A história desse rei, cujo reinado durou aproximadamente 29 anos, ficou marcada não só por seu reinado justo mas também pela cura que recebeu de Deus após uma grave enfermidade.

Esse foi um homem que pôs toda a sua confiança em Deus, não havendo, nem antes nem depois dele, a quem lhe pudesse comparar. Conservou-se fiel a Iahweh, sem jamais se afastar dele, e observou todos os mandamentos que Iahweh prescrevera a Moisés. Por isso, Iahweh esteve com ele e ele teve êxito em todos os seus empreendimentos.

Assim que assumiu o trono, que outrora era de seu pai, Ezequias tentou corrigir o problema da infidelidade do povo. O Reino do Norte já havia caído, e ele sabia que era por causa da desobediência ao Senhor. Infidelidade sempre causa destruição. Ezequias promoveu uma reforma religiosa, lutando para tirar do meio do povo toda e qualquer prática idolátrica.

Devido a isso, ele foi alvo de opositores. Um deles, chamado Senaquerib, começou a pressionar o povo de Judá, ao que Ezequias, em nome de Iahweh, resistia. Chegado um momento decisivo, ouvindo palavras fortes do rei assírio, ele orou para que fosse salvo.

A oração de Ezequias foi extraordinária; por causa dela, mais de 180 mil homens morreram numa única noite. Uma oração que mudou a história de uma nação.

Vamos analisar alguns detalhes dessa oração para que possamos crescer em Deus.

A primeira coisa a destacar era a vida que Ezequias levava. A Sagrada Escritura afirma que Ezequias fez o que agrada a Deus e conservou-se fiel sem jamais se afastar dele. A oração não se separa da vida. Ao orar, devemos transmitir a verdade que há em nós. Nenhuma oração será ouvida se partir de uma tentativa vazia de agradar a Deus. O que mais agrada ao Senhor é a verdade existente em nós. Deus se inclina rumo à verdade. Ele é a verdade, e fora dele nada faz sentido.

Ezequias jamais se afastou de Deus, e isso manteve Deus sempre ao seu lado. Não que Deus se ausente; somos nós que o deixamos de fora. São os homens que afastam Deus ou se afastam dele. Ele manteve sua confiança em Iahweh, pois sabia quem era o Senhor dos Exércitos.

Deus sempre esteve com Ezequias, porque Ezequias sempre esteve com Deus. O que é a oração senão o desejo de ter sempre Deus por perto? Orar é aproximar-se de Deus e fazer de tudo em nossa vida para que Ele permaneça conosco. Orar é ter Deus a cada instante. É saber que você pode ir à guerra e sairá vitorioso, porque Deus lutará ao seu lado. O que apressa o agir de Deus em nossa direção não é o pecado, e sim a santidade. Uma vida que visa à santidade antecipa os milagres de Deus.

Oração e vida nunca se separam. Oramos o que vivemos e vivemos o que oramos. Quando a vida não vai bem, já podemos notar que a oração não está bem. Orar é trazer Deus para junto de si, e permanecer na oração é ficar para sempre com Deus.

Quando ameaçado, Ezequias logo recorreu a Deus. Antes de mais nada, ele rasgou suas vestes, cobriu-se com um pano de saco e foi ao Templo. Ele não esperou o inimigo. Pelo contrário, foi em busca de quem poderia socorrê-lo. Orar é buscar socorro e refúgio no Senhor. Deus quer lutar as suas batalhas, quer ir à sua frente. Se você orar e permitir, Deus vencerá e você triunfará com Ele.

A oração de Ezequias surgiu num dia de angústia, pois o rei assírio havia insultado Deus e ameaçava seu povo. Ezequias orou com toda a fé que tinha, e sua intimidade e fidelidade com Deus o fizeram ser socorrido em seu momento de dor. Não se esqueça de que a oração é também uma relação com Deus. Se você deseja ser atendido, antes viva o que Deus lhe pede; se ainda não consegue viver os mandamentos, ore pedindo a conversão e a força para que viva o propósito. O Senhor está pronto para mudar sua vida.

Após a oração de Ezequias, na mesma noite um Anjo de Iahweh exterminou no acampamento assírio 180 mil homens. Senaquerib também perdeu a vida.

Outra oração surgiu após esses acontecimentos. Ezequias foi atingido por uma doença mortal, e recebeu da boca do profeta as palavras de Iahweh segundo as quais iria morrer. Quando o profeta anuncia, ele apenas proclama a vontade de Deus. O Senhor já havia anunciado que ele morreria. E Ezequias orou: "Ah! Iahweh, lembra-te, por favor, de como andei fielmente e com toda a probidade de coração diante de ti, fazendo o que era agradável aos teus olhos" (2Rs 20,3).

Em meio à oração, Ezequias chorou. E recebeu a resposta de Deus. Eu quero que você reze com essa resposta que Ezequias recebeu, como se você a estivesse recebendo agora. Leia com atenção cada palavra e faça com elas uma oração: "Escutei tua prece e vi tuas lágrimas. Vou curar-te: em três dias subirás ao Templo de Iahweh. Acrescentarei quinze anos à tua vida [...]" (2Rs 20,5-6).

A resposta de Deus foi incomparável e mostra o seu agir. É para você que hoje Deus diz: "Escutei tua prece e vi tuas lágrimas". Deus ouve o que falamos, o Senhor vê as nossas lágrimas. Ele viu as lágrimas de oração de Ezequias.

Deus havia decidido que Ezequias morreria, mas, na oração que o rei realizou, mudou a sua vontade e acrescentou quinze anos à vida dele. A oração traz um agir de Deus diferente. Não sei como você está neste momento; o que posso afirmar é que, se você orar, o agir de Deus vai acontecer.

Vamos rezar juntos?

ORAÇÃO DE CURA A SÃO RAFAEL ARCANJO

Ó, bondoso São Rafael Arcanjo, eu te invoco como patrono daqueles que foram atingidos pela doença ou enfermidade corporal.

Tu preparaste o remédio que curou a cegueira de Tobias e teu nome significa "O Senhor Cura".

Dirijo-me a ti, implorando teu auxílio divino em minha necessidade atual:

(Fazer o pedido)

Se for da vontade de Deus, cura minha enfermidade ou, pelo menos, concede-me a graça e a força de que necessito para poder suportá-la com paciência, oferecendo-a pelo perdão dos meus pecados e pela salvação de minha alma.

Ensina-me a unir meus sofrimentos com os de Jesus e Maria e a buscar a graça de Deus na oração e na comunhão.

Quero imitar-te em tua ânsia de fazer a vontade de Deus em todas as coisas.

Como o jovem Tobias, eu te escolho como meu companheiro em minha viagem através deste vale de lágrimas. Quero seguir tuas inspirações em cada passo do caminho, para que eu possa chegar ao fim da minha viagem sob a tua proteção constante e na graça de Deus.

Arcanjo São Rafael Bendito, tu, que te revelaste a ti mesmo como o assistente divino do Trono de Deus, vem à minha vida e ajuda-me neste momento de prova.

Concede-me a graça e a bênção de Deus e o favor que te peço por tua poderosa intercessão.

Grande Médico de Deus, cura-me como fizeste com Tobias, se esta for a vontade do Criador.

São Rafael, Recurso de Deus, Anjo da Saúde, Medicina de Deus, roga por mim.

Amém.

A ORAÇÃO DE JOSAFÁ

"Iahweh, Deus de nossos pais, não és tu o Deus que estás nos céus? Não és tu que dominas sobre todos os reinos das nações? Em tua mão estão a força e o poder e ninguém te pode resistir. Não és tu que és nosso Deus, que, diante de Israel, teu povo, desalojaste os habitantes desta terra? Não a deste à raça de Abraão, a qual amarás para sempre? Nela se estabeleceram e construíram um santuário para o teu Nome, dizendo: 'Se nos sobrevier alguma desgraça, guerra, punição, peste ou fome, compareceremos diante deste Templo e diante de ti, pois teu Nome está neste Templo. Do fundo de nossa angústia clamaremos a ti, tu nos ouvirás e nos salvarás'.

Eis agora os amonitas, os moabitas e os habitantes das montanhas de Seir, através dos quais não deixaste Israel passar quando vinha da terra do Egito, de sorte que se afastou deles sem os destruir; eis que nos pagam, vindo expulsar-nos das posses que nos deste em herança. Ó nosso Deus, não exercerás justiça sobre eles, posto que não temos força diante dessa multidão imensa que nos ataca? Não sabemos o que fazer e assim é para ti que se voltam nossos olhares." (2Cr 20,6-13)

Josafá também foi rei de Judá. O Senhor esteve com ele, pois sua conduta foi conforme Davi; ele buscou somente a Deus e sempre procedeu segundo os mandamentos. Possuía muita riqueza e honra, e seu coração caminhou nas sendas de Iahweh.

Josafá esteve diante de uma batalha na qual já não possuía os meios de combate. Os povos que o rodeavam se uniram para destruir o seu reinado. Nesse momento, Josafá se voltou para Iahweh. O povo se uniu para buscar socorro junto de Iahweh e urgiu a oração de Josafá.

O início da oração é uma apelo ao poder de Deus, um apelo que retoma os temas da prece de Salomão. Josafá apela ao grande poder de Iahweh e relembra todas as obras que o Senhor já tinha realizado. Iahweh é o Deus que está nos céus, que domina todos os reinos e nações. Em sua mão estão a força e o poder aos quais ninguém pode resistir. E depois, em sua oração, conta a história do que está acontecendo e realiza seu pedido.

Algumas partes dessa oração eu quero destacar para que você veja outra forma de orar. Josafá disse: "Do fundo de nossa angústia clamaremos a ti, tu nos ouvirás e nos salvarás" (2Cr 20,9).

Por vezes, a oração é o grito de uma angústia. Não pense que a oração sempre será calma. Temos a doce ilusão de pensar a oração sempre de uma forma mais contemplativa. A oração é contemplativa, mas nem sempre; ela surge pelo que estamos passando.

O povo estava angustiado e gritou a Iahweh, com um grito confiante. Insisto que oração precisa de fé. Pare de orar sem fé. Se não tiver fé, peça a fé e ela será concedida. Mas não ore sem fé. Aquelas pessoas que gritaram ao Senhor sabiam que seriam ouvidas.

"Não sabemos o que fazer e assim é para ti que se voltam nossos olhares." (2Cr 20,12) Com o que Deus já nos concedeu, nós trabalhamos. O possível é nossa responsabilidade.

Quando nos encontramos sem possibilidades, o nosso socorro é unicamente Iahweh. Eles gritaram que não sabiam mais o que fazer, todos os olhares estavam voltados para Deus.

Orar é gritar para Deus. É também voltar o olhar para o Senhor.

Deus sempre responde às nossas orações. Se você ainda não encontrou a resposta que esperava, foi porque não soube reconhecer a resposta que Deus lhe deixou.

O Senhor respondeu a Josafá da seguinte maneira:

> "Não temais, não vos deixeis atemorizar diante dessa imensa multidão; pois esta guerra não é vossa, mas de Deus. Descei amanhã contra eles: subirão pela encosta de Sis e vós o encontrareis na extremidade do vale, perto do deserto de Jeruel. Não tereis que combater nesta disputa. Colocai-vos lá, tomais posição e vereis a salvação que Iahweh vos reserva. Judá e Jerusalém, não temais nem vos apavoreis; parti amanhã ao seu encontro e Iahweh estará convosco" (2Cr 20,15-17).

Nenhuma multidão é maior do que o poder de Deus. Não devemos temer os homens, pois o poder de Deus os vencerá. Josafá se encheu de confiança e mandou trazer cantores para que fossem, diante de seu exército, louvando o Senhor por tudo o que ele havia feito. O povo de Deus ia atrás, e, quando chegaram ao encontro dos inimigos, o Senhor já os havia derrotado conforme prometera.

Tenha fé que, com Deus, você pode vencer tudo. E vamos rezar juntos a oração dos combatentes pela fé.

> **Vamos rezar juntos?**

ORAÇÃO PARA PROTEÇÃO CONTRA O INIMIGO

Eis a cruz de Cristo
Afastem-se as forças do mal.
Venceu o Leão da Tribo de Judá.
Jesus Cristo, o Filho de Davi.
Se Deus é por nós,
Quem será contra nós?
O Senhor é minha luz e minha salvação.
A quem poderia eu temer?
O Senhor é o baluarte de minha vida.
Perante quem tremerei?
Senhor, estendei vossa mão poderosa.
Em vós confiamos firmemente.
Amém.

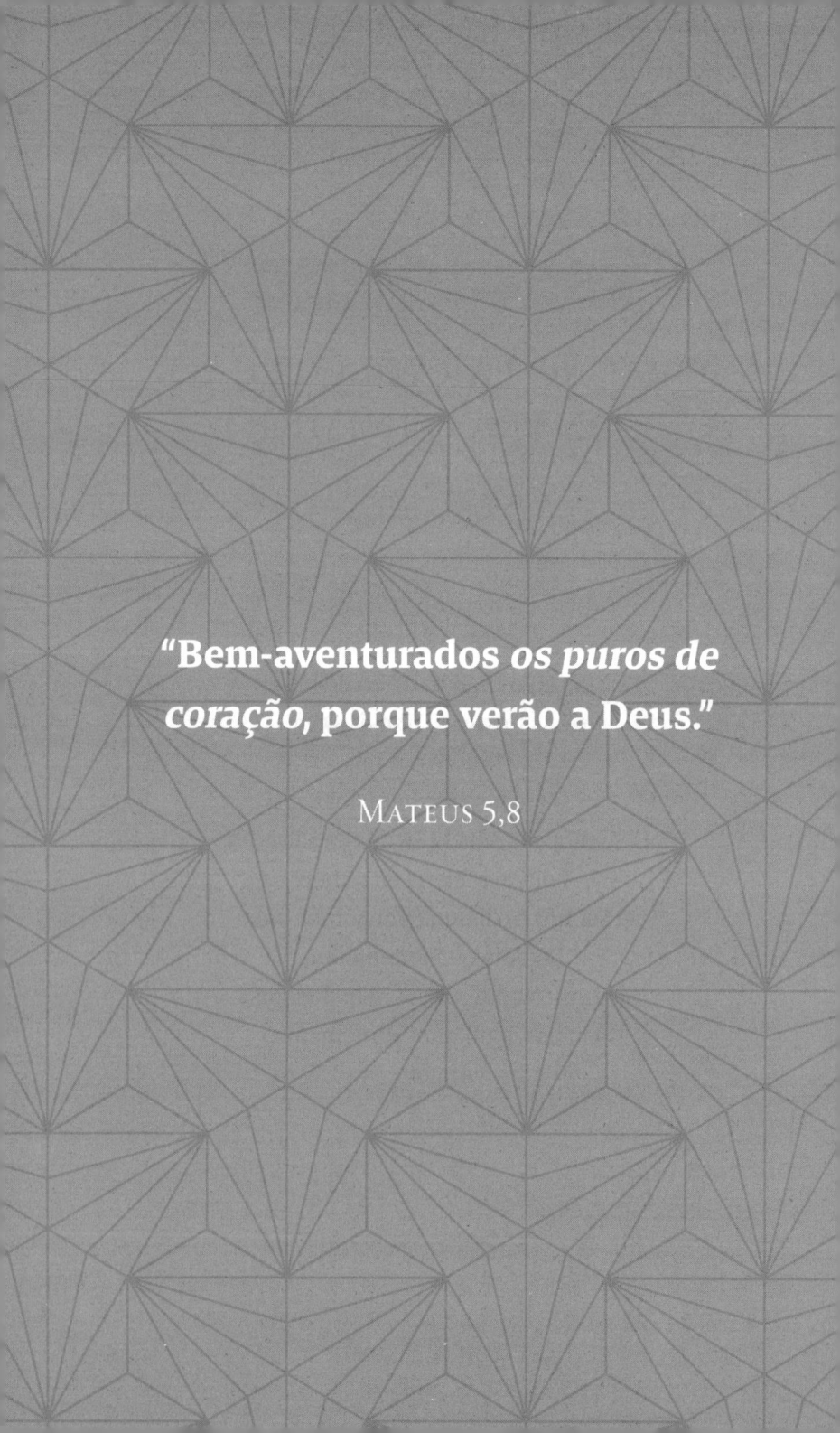

"Bem-aventurados *os puros de coração*, porque verão a Deus."

Mateus 5,8

ORAÇÃO NO NOVO TESTAMENTO

A oração é plenamente revelada em Jesus. Se quisermos aprender a orar, precisamos contemplar o Senhor enquanto ele reza e ouvi-lo como nos ensina a orar.

Jesus, segunda pessoa da Santíssima Trindade, o Verbo que se fez Carne, também aprendeu a orar.

Maria Santíssima, que guardava e meditava no seu coração todas as maravilhas de Deus, ensinou Jesus a orar. Ela ensinou a Ele as fórmulas de oração de seu povo. Jesus frequentava o templo e participava das orações. Contudo, Ele começa a revelar uma novidade da oração. A oração esperada por Deus será vivida na relação de amor com Jesus.

O evangelista Lucas é o que mais apresenta o Senhor em oração. Jesus ora antes dos momentos decisivos de sua vida, como fez antes de seu batismo e transfiguração. Ora também na escolha dos seus Apóstolos, antes da profissão de fé de Pedro, e para que este não sucumba à tentação em outros momentos. A oração do Senhor é de entrega. Uma entrega humilde e confiante de sua humanidade à vontade de seu Pai.

Foi contemplando e ouvindo o Senhor orar que os Apóstolos tiveram no coração o desejo de orar. "Estando num certo lugar, orando, ao terminar, um de seus discípulos pediu-lhe: 'Senhor, ensina-nos a orar [...]'" (Lc 11,1) Se você deseja aprender a orar, contemple a oração de Jesus, veja como Ele orava. É na contemplação do modo de orar do Senhor que no seu coração surgirá o desejo de entregar-se a Deus.

Como Jesus orava? Em determinados momentos, Ele se retirava, buscava a solidão da montanha à noite para orar. Durante a vida de Jesus, encontramos duas orações mais explícitas. Ambas se iniciam com ações de graças. A primeira oração encontramos em Mateus 11,25-27 ou em Lucas 10,21-22; e a segunda oração, em João 11,41-42.

Jesus pede com constância e sempre motivado pela ação de graças. Ele nos ensina que, para pedir antes que o dom seja realizado, é preciso estar em conformidade com Deus. O Senhor é mais precioso do que qualquer coisa que possamos conseguir por meio da oração.

Não poderíamos deixar de falar da oração de Jesus encontrada no capítulo 17 do Evangelho de São João, a oração sacerdotal que contém tudo o que Ele nos ensina para rezarmos. Essa oração nos revela que a oração está atrelada à entrega. Oração e entrega a Deus estão interligadas.

Orando, Jesus nos ensina a rezar. Os evangelhos atestam que o primeiro movimento da oração é a conversão do coração, purificando-o para se encontrar com Deus. "Bem-aventurados *os puros de coração*, porque verão a Deus." (Mt 5,8) O coração que busca diariamente a conversão aprende a orar. A fé o guia. Outro passo é o perdão, perdoando a quem nos ofendeu, nos magoou, nos feriu, a quem nos bateu na face. O perdão faz parte da oração. Devemos orar até mesmo pelos inimigos.

O Senhor nos fala da importância da fé para a oração. "[...] tudo quanto suplicardes e pedirdes, crede que recebestes, e assim será para vós." (Mc 11,24) *"Tudo é possível àquele que crê!"* (Mc 9,23) A oração de fé consiste em fazer a vontade de Deus.

> ORANDO, JESUS NOS ENSINA A REZAR.
> OS EVANGELHOS ATESTAM QUE O PRIMEIRO
> MOVIMENTO DA ORAÇÃO É A CONVERSÃO
> DO CORAÇÃO, PURIFICANDO-O
> PARA SE ENCONTRAR COM DEUS.

A oração deve ser vigilante, tendo Deus sempre nos pensamentos e aguardando ansiosamente a sua volta, sabendo que a oração deve ser vista como um combate para não cair em tentação.

O evangelista Lucas conta três grandes parábolas sobre a oração: o amigo importuno (Lc 11,5-13), a viúva importuna (Lc 18,1-8) e o fariseu e o publicano (Lc 18,9-14). Aconselho a você revisitar as páginas do Evangelho para uma oração mais profunda com esses textos, agora com um olhar de quem já aprendeu mais sobre oração.

A novidade da oração de Jesus é ser uma oração filial, unida ao próprio Senhor, uma oração como comunhão de amor com Deus. Uma oração que é conduzida pelo Espírito Santo.

Vamos rezar juntos?

Ao acordar, diga: Jesus, eu te amo.
Ao sair de casa, diga: Jesus, vem comigo.
Quando sentir vontade de chorar, diga: Jesus, me abraça.
Quando se sentir feliz, diga: Jesus, eu te adoro.
Quando for fazer alguma coisa, diga: Jesus, me ajuda.
Quando cometer um erro, diga: Jesus, me perdoa.
Quando for dormir, diga: obrigado, Jesus,
e me cobre com o teu manto sagrado.

> "Sim, Senhor,
> tu sabes que te amo."
>
> João 21,15

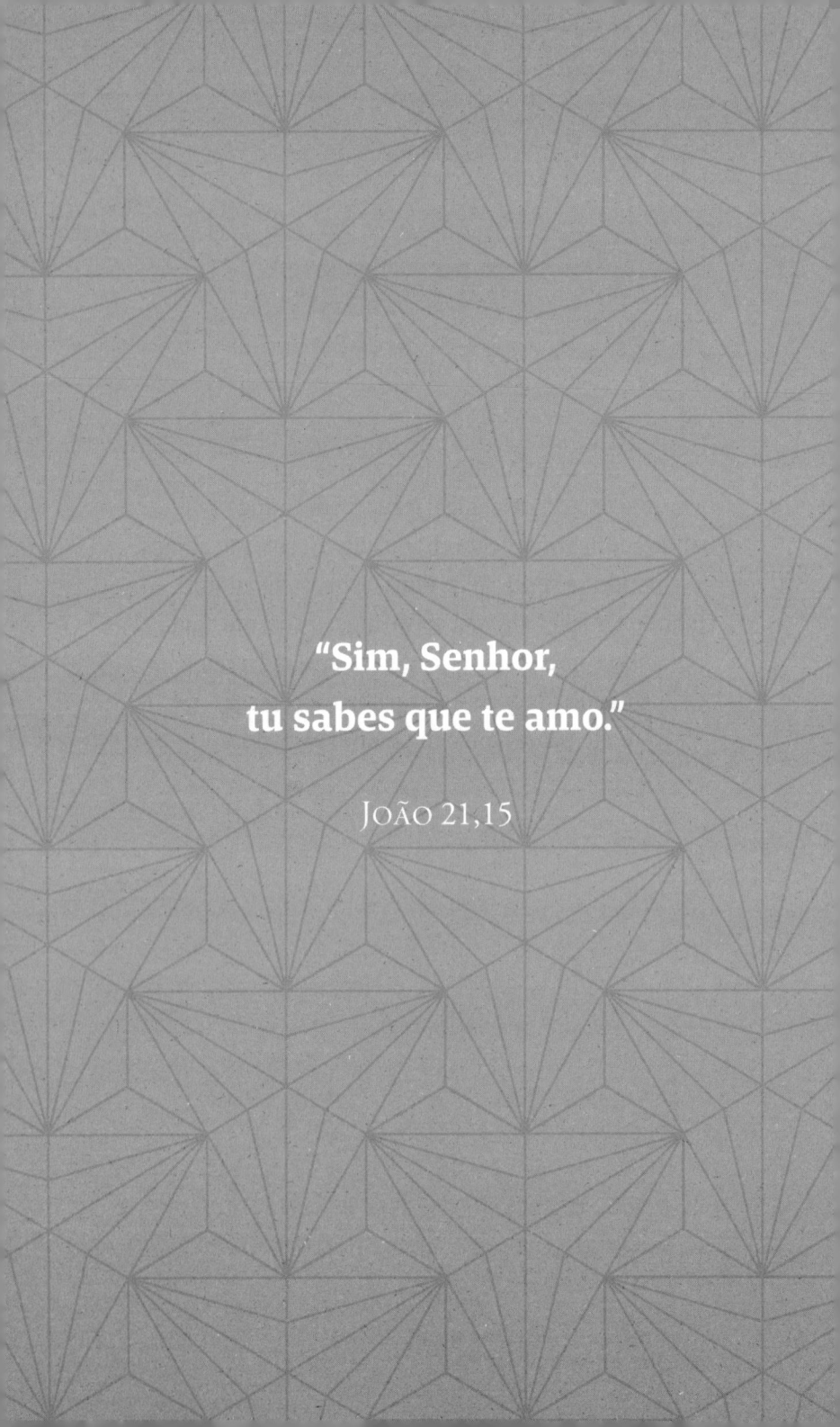

ORAÇÕES PODEROSAS NO NOVO TESTAMENTO

Oração do amor a Deus

Em João 20,15-17, encontramos a aparição de Jesus à margem do lago de Tiberíades. É nesse momento que Jesus questiona Simão Pedro sobre o seu amor a Ele.

Antes mesmo de perguntar, Jesus já sabia a resposta. Ainda assim, o Senhor olha para Pedro e, por três vezes, o questiona se ele o ama. Em todas as perguntas, Jesus recebe a mesma resposta de Simão: sim, ele o ama. Sobre a resposta do amor, Jesus confia a Pedro a missão de pastorear as suas ovelhas.

A tríplice confissão de amor apagou a tríplice negação que Pedro fizera, para que os lábios de Pedro pudessem proclamar o amor, e não o medo. O medo que antes tomava posse de Pedro, que fez surgir a negação, não poderia ser maior do que o amor perante o Senhor ressuscitado. O medo não pode destruir o amor. Por mais que esse amor colocasse a vida de Pedro em risco, ele não mais o negou.

O grande medo que devemos ter é de abandonar o Senhor, e não o de dar a vida por Ele. Quem doa a vida por Jesus a receberá.

Pedro entendeu isso e deu a vida para apascentar as ovelhas do seu Mestre. Pedro sabia que cuidar das ovelhas de Jesus era cuidar do próprio Cristo. As ovelhas não eram de Pedro, mas de Jesus. Há um risco grande de pensar que, ao receber uma missão, esta se torna obra nossa, as ovelhas passam a ser nossas. E não é verdade.

Quem cuida das ovelhas pensando que elas lhe pertencem está apenas cuidando de si mesmo; o amor não está em Jesus, mas é um amor-próprio. Essa pessoa está à procura dos próprios interesses, e não dos que realmente valem a pena.

O que nos faz felizes não é viver o que desejamos, mas o que Deus deseja de nós. Se nossos desejos estiverem distantes dos do Senhor, a infelicidade estará bem próxima. Quanto mais longe de um verdadeiro propósito, mais perto da tristeza.

Todo amor provém de Deus. Não há problema em amar a si mesmo, desde que antes se ame a Deus sobre todas as coisas. Só assim o amor frutificará. Jesus pergunta: "Tu me amas?". E depois diz: "apascenta as minhas ovelhas". Como se Jesus dissesse: se você me ama, não procure apenas o seu bem, não seja o desejo do seu coração apascentar a si mesmo. Olhe para as minhas ovelhas. Cuide daquilo que é meu e eu cuidarei do que é seu. Aprenda: quando nos ocupamos das coisas de Deus, o Senhor se ocupa das nossas.

> APRENDA: QUANDO NOS OCUPAMOS DAS COISAS DE DEUS, O SENHOR SE OCUPA DAS NOSSAS.

Orar é isso: se entregar à vontade de Deus e deixar que Ele cuide de tudo aquilo que temos, enquanto sem medo, movidos pelo amor, cuidamos do que Ele nos pede. Nos ocupamos das coisas santas. Orar é se ocupar das coisas de Deus, para que Deus se ocupe das nossas. Não é uma troca de interesses, é uma troca de cuidados. É a reciprocidade do amor. Quando nos doamos para Deus, a recompensa que obtemos é o próprio Deus.

Cuide das coisas de Deus, apascente as ovelhas divinas. Você vai encontrar grande glória quando estiver no serviço de Jesus. Não seja como os falsos pastores que fogem diante do perigo; quem ama apenas a si próprio, o mal se encontra nele.

Apascentar as ovelhas de Cristo é procurar, antes de mais nada, sempre fazer a sua vontade. É um grande defeito pensar em cuidar unicamente de si. Ame a Cristo nas ovelhas que Ele lhe confiar. Ame a Cristo na família que você possui, no seu esposo ou na sua esposa, nos seus filhos, nos seus amigos, nos colegas de trabalho, nos amigos da Igreja, onde você estiver. Você terá a missão de cuidar e amar, pois foi essa a missão que Deus lhe confiou. A sua obrigação é amar e orar.

Olhe para as pessoas com o olhar de Jesus, um olhar terno e amoroso. Que, ao ler esta página, você passe a viver melhor, amando a todos, porque todos pertencem a Jesus. Ao encontrar qualquer pessoa, você vai poder olhar para ela e dizer: eu te amo, porque você é ovelha de Cristo e Ele mandou te amar. Eu te amarei não porque você faz algo por mim, mas porque você é de Jesus. O amor com o qual Deus te ama me faz te amar também.

É assim que você deverá amar as pessoas, principalmente as que estiverem mais próximas. Não cometa o erro de amar a todos que estão longe e descuidar de quem está ao lado.

Já vi isso acontecer inúmeras vezes: impulsionados pela missão, muitos pregam o amor e o vivem sempre longe de casa, são capazes de amar a todos os que estão distantes, mas desprezam e não amam quem está ao lado e também carece de amor. Quando Deus diz para apascentar as ovelhas, apascente primeiro as que estão ao lado. Primeiro alimente com amor e oração quem está dentro da sua casa; depois disso, você poderá partir e mergulhar em águas mais profundas.

Ao orar e amar, apascentando as ovelhas de Jesus, o amor vai abrasar cada vez mais o seu coração, a tal ponto que nenhum medo vai roubar a sua paz interior. Nem mesmo a morte vai te atormentar. Toda a sua vida será para Deus, e quem vive para Deus deseja unir-se a Ele. O grande desejo de quem ora é unir--se ao amado.

Nem a morte poderá amedrontar quem ama. O coração de quem ora é mais forte do que todos os outros. O amor de Cristo é a grande fortaleza da alma. O Senhor nos inquieta e nos faz viver sempre para o amor a suas ovelhas.

Contudo, não tema: se Deus deu a vida por nós e depois dele tantos outros mártires também se entregaram, nós também podemos acreditar que dar a vida por Cristo é o mínimo que podemos fazer. É preciso orar e pedir forças para não negá-lo, mas amá-lo de todo o coração. Até porque não podemos esquecer que, por mais que sejamos movidos a cuidar das ovelhas de Cristo, também somos ovelhas desse rebanho e estamos debaixo dos seus cuidados.

Deus está com você, então não desista. Não permita que o medo te faça negar Jesus. Não tenha medo de perder a família, de não ter emprego, de não conseguir ser fiel, e tantos outros medos que tentam paralisá-lo. Recorde-se sempre de que, enquanto o inimigo quer te destruir pelo medo, Deus te restaura pelo amor.

Não olhe para o que te assusta. A fé é a esperança nas coisas que ainda não vemos. Nem sempre veremos o amor, mas sabemos que Ele nos ama e nos convida a amá-lo e apascentar as suas ovelhas.

Eu te pergunto agora: você ama a Cristo? Se o ama verdadeiramente, cresça em amor pela oração.

Vamos rezar juntos?

ORAÇÃO PARA AMAR E ENTREGAR-SE A JESUS, DE SANTO AFONSO MARIA DE LIGÓRIO

Meu Deus e meu tudo, apesar de minhas ingratidões e negligências em vos servir, continuais a me atrair ao vosso amor. Aqui estou, e não quero resistir mais. Quero renunciar a tudo para pertencer só a vós. Além de tudo, vós me tendes obrigado a vos amar. Eu me encantei convosco e quero a vossa amizade.

Como posso amar outra coisa, depois de ter-vos visto morrer de dor numa cruz para me salvar? Como poderei contemplar-vos morto, consumido nos sofrimentos, sem vos querer bem com todo o meu coração? Sim, Redentor meu, amo-vos com toda a minha alma e não tenho outro desejo senão vos amar nesta vida e por toda a eternidade.

Jesus, minha esperança, minha força e meu consolo, dai-me força para que eu vos seja fiel.

Dai-me luz, fazei-me conhecer as coisas de que me devo desapegar; ajudai-me para que em tudo eu vos queira obedecer.

Jesus, eu me ofereço e me abandono inteiramente em vós, satisfazendo o desejo que tendes de unir-vos comigo, a fim de unir-me convosco, meu Deus e meu tudo! Vinde, Jesus, possuí todo o meu ser, atraí para vós todos os meus pensamentos e todos os meus afetos.

Renuncio a todos os meus caprichos, a todas as consolações, a todas as criaturas. Só vós me bastais. Dai-me a graça de não pensar senão em vós, não desejar senão a vós, meu Deus e único bem.

Maria, Mãe de Deus, alcançai-me a graça da perseverança. Amém.

"E quando estiverdes orando, se tiverdes alguma coisa contra alguém, perdoai-lhes, para que também o vosso Pai que está nos céus vos perdoe as vossas ofensas."

Marcos 11,25

ORAÇÃO DE PERDÃO

Se quisermos ser ouvidos por Deus, devemos abrir os caminhos do perdão.

A falta de perdão é uma grande armadilha que o inimigo coloca em seu coração, para que ele fique endurecido. O perdão é essencial para a oração. Como posso pedir a Deus que me escute se eu não escuto a Palavra que diz para conceder o perdão? Não pense que se pode viver uma vida liberta, sem amarras, em paz consigo e com o Senhor, se antes não estiver também em paz com os irmãos.

A paz de Deus vem conforme nos entregamos a todas as suas palavras. Uma das palavras mais fortes talvez seja esta: "Perdoai-nos as nossas ofensas, assim como nós perdoamos a quem nos tem ofendido", que rezamos todos os dias.

É consensual que essa palavra é surpreendente. Talvez, ao rezar a primeira parte, você encontre facilidade, afinal você está pedindo perdão pelos próprios pecados e ficará feliz em receber o perdão de Deus. Mas, quando oramos mais um pouco, percebemos que não seremos atendidos se não cumprirmos uma exigência feita pelo próprio Deus. Quando oramos pedindo perdão, o nosso olhar está para a frente, para o futuro, mas há sempre uma resposta que devemos antes oferecer a Deus, a parte do "assim como nós perdoamos".

Rezar pedindo perdão para si e o poder de perdoar o outro é fundamental. Somos os primeiros pecadores, talvez até os maiores. Se examinarmos bem a nossa vida, nos encontraremos como o Filho Pródigo ou o publicano que orava no templo. Ao olhar para o nosso coração, encontramos miséria e sofrimento e necessidade da misericórdia e da graça de Deus.

A graça de Deus não fará morada em você enquanto a mágoa ou o rancor estiverem habitando seu ser. O seu coração nasceu para ser morada de Deus, e não o lar de dores. Enquanto não perdoamos, não alcançamos a verdadeira graça do Espírito Santo.

A oração brota do amor, mas o amor brota do perdão. Como podemos orar ao Deus que não vemos enquanto o irmão que vemos está sendo maltratado, ou não amado como deveria? Não espere méritos para amar alguém. O verdadeiro perdão é gratuito. Devemos perdoar não porque o outro merece o nosso perdão; somos nós que não merecemos carregar lixo no coração.

O outro nem sempre vai merecer ou mesmo pedir o nosso perdão. Isso não deve ser um impedimento. Perdoar é dar ao outro do que ele precisa, e não o que ele merece. Foi isso que Deus fez conosco. Ele nos amou quando éramos seus inimigos, deu sua vida por nós, nos resgatou. Não merecíamos, mas Ele fez. A pessoa que ofendeu você talvez não mereça o perdão, e o perdoar se torna ainda mais cheio de significados. Quando não encontramos nenhum outro motivo para perdoar a não ser pela forma como Deus nos perdoou, encontramos o verdadeiro perdão.

O pedido para ser perdoado e perdoar é muito importante, e o Senhor o reforça no Sermão da Montanha. Ainda que você pense ser impossível perdoar alguém, recorde-se: "mas a Deus tudo é possível" (Mt 19,26). Peça a graça de um coração que saiba amar e perdoar.

Você nasceu para amar a Deus sobre todas as coisas, até mesmo sobre a dificuldade de perdoar. Faça uma experiência de perdão de Deus. Aprenda a deixar Deus continuar te amando e você aprenderá a amar.

Não está em nosso poder deixar de sentir a ofensa ou esquecê-la, mas podemos nos entregar livremente ao Espírito Santo, que tudo transforma e cura.

Perdoar não é esquecer a mágoa; o perdão não causa amnésia. Perdoar é recordar o fato passado e não sentir mais dor. Os grandes santos da Igreja, mesmo sendo ofendidos e torturados, não deixavam o coração se contaminar pela mágoa; pelo contrário, eles amavam ainda mais quem os ofendia. A confiança em Deus pode superar qualquer dor, qualquer mágoa.

A verdadeira felicidade está contida no perdão que é oferecido. Os frutos de Deus nascem do perdão oferecido. Na árvore do Senhor, o fruto é o perdão. Quem negar o perdão ao irmão nem sequer deve esperar receber os frutos da oração.

A oração frutifica no perdão. Na Oração de São Francisco de Assis, rezamos tão perfeitamente aquela parte: "É perdoando que se é perdoado".

Não importa quantas vezes você foi ofendido, e sim quantas vezes teve a possibilidade de perdoar. O evangelho nos ensina que o perdão é dado de maneira infinita, simbolizada na expressão "setenta vezes sete". "Então Pedro, chegando-se a Ele, perguntou-lhe: 'Senhor, quantas vezes devo perdoar ao irmão que pecar contra mim? Até sete vezes?'. Jesus respondeu-lhe: 'Não te digo até sete, mas até setenta vezes sete'" (Mt 18,21-22). E ainda: "Se teu irmão pecar, repreende-o, e se ele se arrepender, perdoa-lhe. E caso ele peque contra ti sete vezes por dia e sete vezes retornar, dizendo 'Estou arrependido', tu lhe perdoarás" (Lc 17,3-4).

Se você prestar bastante atenção na frase anterior, verá que o perdão é uma ordem de Jesus. Tu lhe perdoarás. Tu és cristão? Teu dever é o amor. São João Bosco ensinava que a verdadeira vingança do cristão é o perdão e a oração pela pessoa que o ofendeu. Alguém magoou você? Perdoe essa pessoa e ore por ela. Te garanto que a dor vai embora.

A pessoa que sabe perdoar fica preparada para receber inúmeras graças de Deus. Se você estiver com dificuldade para perdoar alguém, olhe para o crucifixo e encontrará amor e perdão.

Além do mais, quem não sabe perdoar vive mal e não ora de jeito nenhum. Quem não perdoa, não reza, porque a falta de perdão impede essa pessoa de rezar e até mesmo de viver. O sofrimento aperta e o coração é fechado. Mais livre é aquele que, em vez de alimentar mágoas, alimenta o amor.

A mágoa afasta você de Deus, e perdoar é permitir que Deus se aproxime. Pare de lutar contra seu coração que deseja perdoar. Não seja orgulhoso. O perdão que oferecemos alcança para nós curas e libertações, graças divinas, o perdão dos nossos pecados e a escuta da nossa oração.

Um dos pontos mais altos da oração é o perdão, pois nos configura ao coração misericordioso de Jesus. A sua oração vai chegar até mesmo no perdão aos inimigos. E, ao fazer isso, você será muito mais semelhante a Deus. O perdão nos ensina que o amor, que é mais forte do que a morte, também é mais forte que o mal. O amor é mais forte que o pecado. Aliás, "Acima de tudo, cultivai com todo o ardor, o amor mútuo, porque *o amor cobre uma multidão de pecados*" (1Pd 4,8).

O perdão é a condição para que você seja perdoado e tenha a oração atendida. Que tal rezarmos juntos pedindo a Deus um coração que saiba perdoar?

Vamos rezar juntos?

Senhor meu Deus, a quem tanto amo e espero de todo o meu coração. Profunda ternura de minha alma, delicadeza que me abraça e esperança que não me abandona. Estou aqui, neste momento, para pedir que o meu coração seja a tua morada, eu quero ser inteiramente teu, e somente teu. Não quero que em meu coração habite algo que me separe de ti. Não vou mais suportar que o meu coração contenha raiva, ódio ou rancor. Eu te peço, Senhor, que tudo isso seja arrancado de minha vida e eu passe a amar mais. Não quero ser um templo do ódio, mas um templo do Espírito Santo. Eu perdoo neste momento a todas as pessoas que me ofenderam, que me machucaram, me humilharam, que tentaram ou me fizeram mal. Em nome de Jesus, eu sei que serei liberto agora de tudo isso. Em nome de Jesus, serei curado. E tudo isso eu peço pela interseção da Bem--Aventurada Virgem Maria, mãe do amor e da ternura, para que também Ela me ensine a perdoar como devo. Senhor, eu perdoo a todos e te peço: escuta a minha oração.

Amém.

"**Escutei tua prece
e vi tuas lágrimas.**"

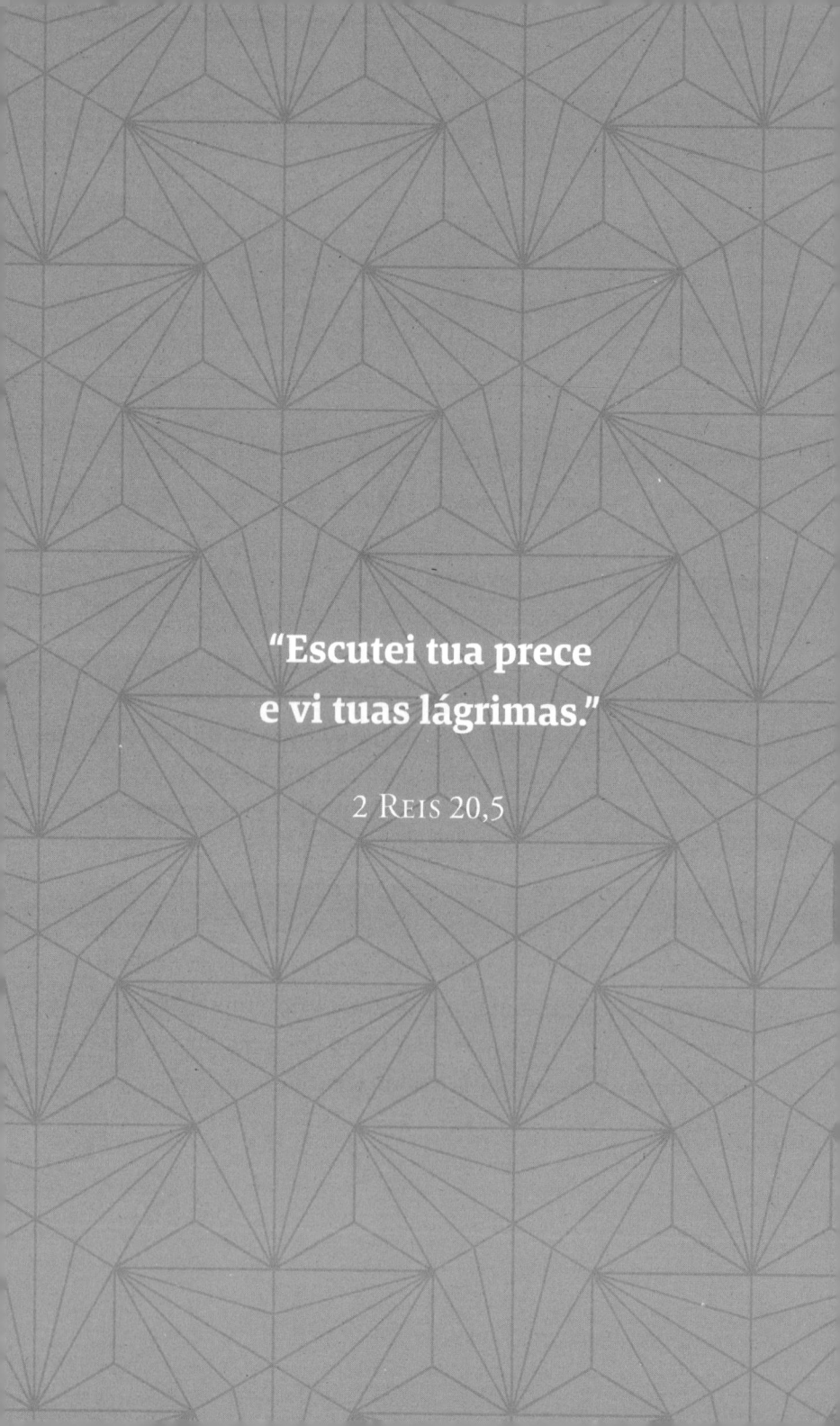

2 Reis 20,5

ORAÇÃO DAS LÁGRIMAS

Tão bela é a oração que vem em meio às lágrimas. Não há como defini-las, nenhuma definição seria possível, pois não há como esgotar nenhum tipo de oração, ainda mais quando surgem de maneira tão pura. Tão puras são as lágrimas que, logo ao brotar, os anjos se apressam em pegar e levar aos céus. E, ao chegarem junto de Deus, são abertas e revelam tudo o que contêm. Lágrimas têm histórias que temos necessidade de contar para aquele que tudo pode resolver.

Orações não acontecem apenas por palavras; por vezes, a oração acontece silenciosamente, cristalizada em lágrimas. Delicada e preciosa, genuína e graciosa, límpida e esplendorosa. É a oração lagrimal, que fazemos de forma tão poderosa.

Pode ser que, para rezar, seja preciso silenciar e apenas chorar. No silêncio das lágrimas, existe um grito profundo. Lágrimas também podem ser orações. Chorando também se reza, quando lágrimas são direcionadas para Deus.

Lágrimas a Deus são orações aos céus.

Quando os olhos se fecham, o coração se abre. Quando lágrimas caem, preces se levantam. Lágrimas escorrendo são como um rio que corre para o mar. São orações deslizando para Deus.

Não se preocupe ao chorar em meio à oração, isso não vai desagradar ao Senhor; pelo contrário, é diante dele que devemos chorar as nossas dores e alegrias.

Lágrimas são orações que escorrem pelo rosto e fecundam a alma. Lavam o coração e purificam o corpo.

Na oração, palavras são importantes, mas haverá momentos em que as palavras vão desaparecer e nada teremos para dizer, pois a dor será grande e paralisante. Quando a dor for grande, não há problema em chorar aos pés de Jesus.

Quando algo acontece e a dor toma conta do coração, a preocupação rouba os pensamentos, não sabemos como rezar, e num primeiro momento vamos tentando buscar palavras no embaralhado coração, que pouco a pouco perde a razão e no qual somente fica a dor que destrói a alma.

Quando você chora, e a solidão é sua única companhia, ninguém parece lhe dar alívio e conforto. Começamos a nos perguntar o motivo de tanta dor e até mesmo se Deus nos abandonou, se suas promessas falharam, e procuramos em todos os lados uma resposta; nada parece ser capaz de responder às nossas perguntas. Só não podemos esquecer que temos um Deus infinito que dia e noite zela por nós e que jamais nos deixaria perecer.

Não precisamos temer. As lágrimas transparentes são muito vistas por Deus. Tudo o que você enfrenta é importante para Ele. Nenhuma lágrima se perde, todas são registradas, e no momento certo Deus agirá. Deus não abandona um coração que chora diante dele. Deus não abandona nenhuma oração.

Lágrimas de dor também oram

Quando pensar que suas lágrimas não são ouvidas por Deus, leia o Salmo 56, que diz: "Já contaste os meus passos de errante, recolhe minhas lágrimas em teu odre. E meus inimigos recuarão no dia em que eu te invocar! Bem sei que Deus está comigo" (Salmo 56,8-10).

O versículo 8 diz que Deus registra suas lágrimas. Compreenda, elas são tão importantes que Deus as registra para que não se desperdicem. Deus te ama tanto que até mesmo as suas lágrimas são orações. Por isso, é preciso insistir no plano de Deus em nossa vida. Pode ser que até agora você só tenha experimentado dores, mas a partir de agora a força de Deus está deixando você mais forte. Tome posse dessa verdade. Você é amado por Deus, apenas retribua esse amor. Ame a Deus com todas as suas forças e fraquezas, com seus sorrisos e lágrimas. Deus cuida das pessoas que a Ele se entregam.

Os tempos de dor podem trazer uma grande dificuldade para sua vida e sua fé. Analise sua vida e veja se não está lutando sozinho. Lágrimas são orações quando Deus as recolhe, quando com Ele você luta. Se não procurar o auxílio do Senhor, toda a sua dor será apenas mais uma dor; se procurar o amado de sua alma, a sua dor será apenas um momento no qual Deus te fortificou e te fez vitorioso. Se Deus cuidar de você, nada precisará temer.

Não se esqueça de que os sentimentos também enganam. O seu sentir nem sempre é verdadeiro. Você pode até não sentir a presença de Deus e o seu agir e julgar que Deus não se importa com você, porém a verdade vai além do que você sente.

O coração também pode te enganar. Só quem não mente é Deus, e Ele te diz: "Em verdade, em verdade, vos digo: chorareis e vos lamentareis, mas o mundo se alegrará. Vós vos entristeceis, mas a vossa tristeza se transformará em alegria" (Jo 16,20).

Quero te convidar neste momento a rezar com versículos bíblicos que falam sobre as lágrimas. A Palavra de Deus reforça em nós o quanto, chorando, podemos também orar.

Para meditar: versículos bíblicos
que falam sobre as lágrimas

- "Escutei tua prece e vi tuas lágrimas." (2Rs 20,5)
- "Ester foi falar com o rei uma segunda vez. Lançou-se a seus pés, chorou, suplicando-lhe que anulasse a maldade [...]" (Est 8,3)
- "Tenho, desde já, uma testemunha nos céus, e um defensor nas alturas; intérprete de meus pensamentos junto a Deus, diante do qual correm minhas lágrimas;" (Jó 16,19-20)
- "Estou esgotado de tanto gemer, de noite eu choro na cama, banhando meu leito em lágrimas." (Sl 6,6)
- "Ouve a minha prece, Iahweh, dá ouvido aos meus gritos, não fiques surdo ao meu pranto!" (Sl 39,12)
- "As lágrimas são meu pão noite e dia, e todo dia me perguntam: 'Onde está o teu Deus?'" (Sl 42,3)
- "Já contaste os meus passos de errante, recolhe minhas lágrimas em teu odre." (Sl 56,8)
- "Deste-lhe a comer um pão de lágrimas, e tríplice medida de lágrimas a beber" (Sl 80,5)
- "Como cinza em vez de pão, com minha bebida misturo as lágrimas" (Sl 102,9)
- "Libertou minha vida da mote, meus olhos das lágrimas e meus pés de uma queda." (Sl 116,8)
- "Os que semeiam com lágrimas, ceifam em meio a canções." (Sl 126,5)
- "Vão andando e chorando ao levar a semente; ao voltar, voltam cantando, trazendo seus feixes." (Sl 126,6)
- "[...] aí estão as lágrimas dos oprimidos, e não há quem os console; a força do lado dos opressores, e não há quem os console." (Ecl 4,1)

- "Por isto choro juntamente com Jazer o vinhedo de Sábama; rego-te com as minhas lágrimas, Hesebon, e a ti, Eleale, pois que os gritos desapareceram [...]" (Is 16,9)
- "O Senhor Iahweh enxugou a lágrima de todos os rostos;" (Is 25,8)
- "Vai dizer a Ezequias: Eis a palavra Iahweh, o Deus de teu pai Davi: Ouvi a tua oração e vi as tuas lágrimas." (Is 38,5)
- "Quem fará de minha cabeça um manancial de água, e de meus olhos fonte de lágrimas, para que chore dia e noite os mortos da filha do meu povo!" (Jr 8,23)
- "Que elas se apressem e cantem sobre nós uma lamentação! Que nossos olhos derramem lágrimas, e nossas pálpebras deixem correr água" (Jr 9,17)
- "Mas se não escutardes, eu chorarei em segredo pelo vosso orgulho; chorarão abundantemente e deixarão correr lágrimas os meus olhos, porque o rebanho de Iahweh é conduzido para o exílio." (Jr 13,17)
- "E lhes dirás esta palavra: Que os meus olhos derramem lágrimas, noite e dia, e não se tranquilizem, porque a virgem, filha do meu povo, foi ferida com um ferimento grave, com uma ferida incurável" (Jr 14,17)
- "Assim disse Iahweh: Reprime o teu pranto e as lágrimas de teus olhos! Porque existe uma recompensa para a tua dor" (Jr 31,16)
- "Passa a noite chorando, pelas faces correm-lhe lágrimas." (Lm 1,2)
- "De lágrimas consomem-se meus olhos, de tremor minhas entranhas, por terra derrama-se meu fígado por causa da ruína da filha de meu povo enquanto pelas ruas da cidade desfalecem meninos e lactantes." (Lm 2,11)
- "Deixa teu coração gritar ao Senhor, ó muro da filha de Sião! Deixa derramar torrentes de lágrimas, dia e noite,

não te concedas repouso, não descanse a pupila de teus olhos!" (Lm 2,18)
- "E, ficando por detrás, aos pés dele, chorava; e com as lágrimas começou a banhar-lhe os pés, a enxugá-los com os cabelos, a cobri-los de beijos e a ungi-los com o perfume." (Lc 7,38)
- "E, voltando-se para a mulher, disse a Simão: 'Vês esta mulher? Entrei em tua casa e não me derramaste águas nos pés; ela, ao contrário, regou-me os pés com lágrimas e enxugou-os com os cabelos.'" (Lc 7,44)
- "Jesus chorou." (Jo 11,35)
- "Eu servi ao Senhor com toda a humildade, com lágrimas, e no meio das provações que me sobrevieram pelas ciladas dos judeus." (At 20,19)
- "Vigiai, portanto, lembrados de que, durante três anos, dia e noite, não cessei de exortar com lágrimas a cada um de vós." (At 20,31)
- "Por isto, foi em grande tribulação e com o coração angustiado que vos escrevi em meio a muitas lágrimas, não para vos entristecer, mas para que conheçais o amor transbordante que tenho para convosco." (2Cor 2,4)
- "Lembrado de tuas lágrimas, desejo ardentemente rever-te, para transbordar de alegria." (2Tm 1,4)
- "É ele que, nos dias de sua vida terrestre, apresentou pedidos e súplicas, com veemente clamor e lágrimas, àquele que o podia salvar da morte; e foi atendido por causa da sua submissão." (Hb 5,7)
- "Sabeis ainda que, em seguida, querendo herdar a bênção, foi rejeitado, pois não achou lugar para o arrependimento, embora com lágrimas o tivesse procurado!" (Hb 12,17)

Vamos rezar juntos?

ORAÇÃO A NOSSA SENHORA DAS LÁGRIMAS

"Comovido com o prodígio do derramamento de vossas lágrimas, ó misericordiosíssima Virgem de Siracusa, venho hoje prostrar-me a vossos pés, e, animado com uma confiança por tantas graças que tendes concedido, venho a vós, ó, Mãe de Clemência e de piedade, para abrir-vos meu coração, para alojar em vosso doce coração de Mãe todas as minhas penas, para unir minhas lágrimas às vossas: as lágrimas da dor por meus pecados e as lágrimas das dores que me afligem.

Olhai-as, ó Mãe querida, com rosto benigno e com olhos de misericórdia, e, pelo amor que tendes a Jesus, dignai-vos consolar-me e escutar-me.

Por vossas santas e inocentes lágrimas dignai-vos conseguir-me de vosso divino Filho o perdão de meus pecados, uma fé viva e ardente, e a graça que agora te peço...

Ó Mãe minha, e esperança minha, em vosso coração imaculado e dolorido ponho toda a minha confiança.

Coração imaculado e dolorido de Maria, tende compaixão de mim."

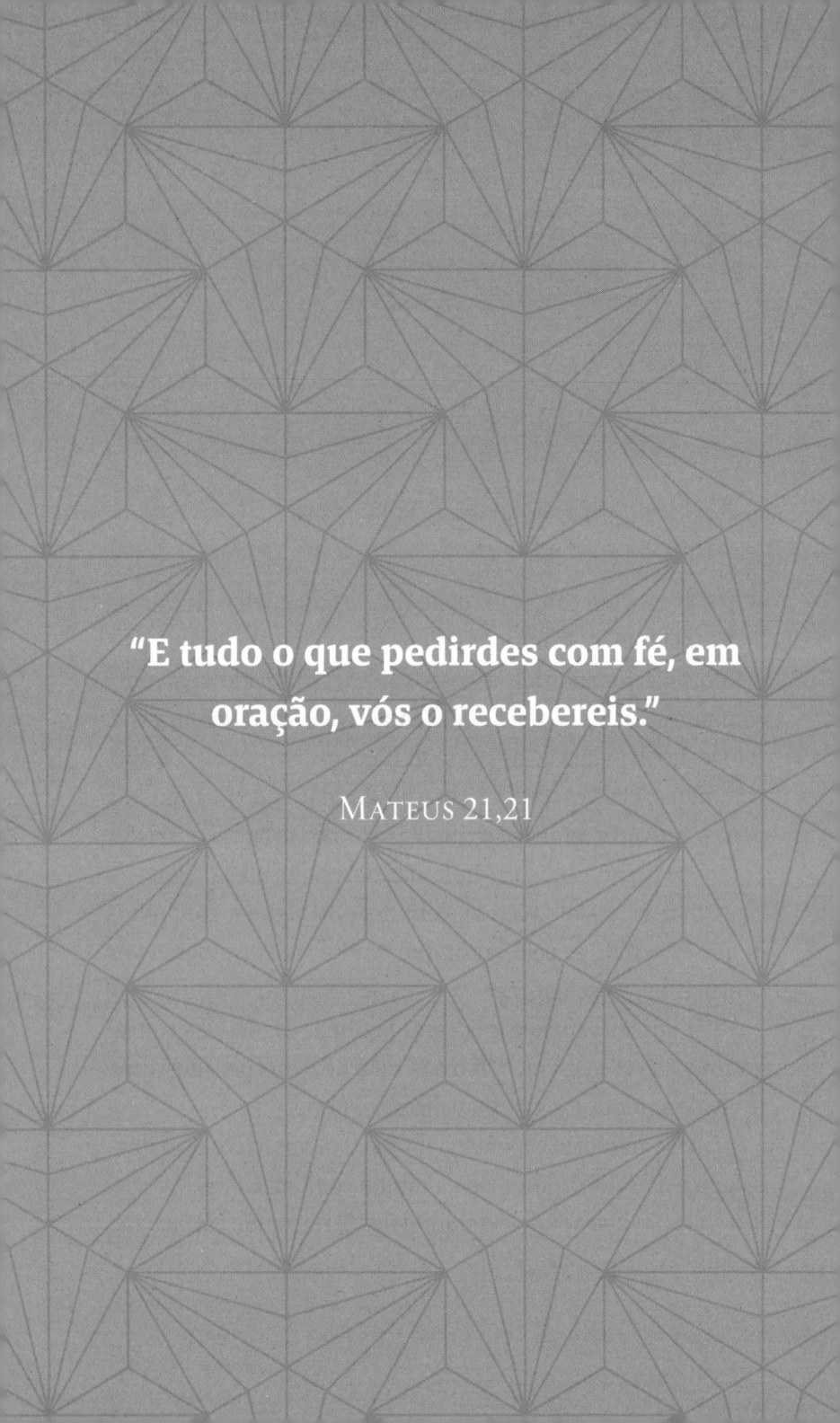

> "E tudo o que pedirdes com fé, em oração, vós o recebereis."
>
> Mateus 21,21

A ORAÇÃO PERSEVERANTE

"Pedi e vos será dado, buscai e achareis; batei e vos será aberto; pois tudo o que pede recebe; o que busca acha e ao que bate se lhe abrirá." (Mt 7,7-8)

Jesus nos assegura nessa passagem que a nossa oração, sendo adequada, torna-se eficaz, e Deus jamais nos negaria o que nos foi pedido. E Ele nos explica o motivo de alcançarmos o que pedimos na oração: "Ora, se vós que sois maus sabeis dar boas dádivas aos vossos filhos, quanto mais vosso Pai que está nos céus dará coisas boas ao que lhe pedem!" (Mt 7,11).

A nossa oração carrega-se de esperança, pois, confiando em Deus, temos a firme convicção de que nenhuma de suas promessas falha. Ele prometeu que o que pedirmos com fé nos será concedido, e isso vai se cumprir na sua vida se a partir de agora você não duvidar mais do poder divino. A fé é essencial para a oração. Quando oramos, não podemos duvidar do agir de Deus. Se não tivermos fé, nada alcançaremos. A fé é capaz de mover montanhas.

"Em verdade vos digo: se tiverdes fé, sem duvidar, fareis não só o que fiz com a figueira, mas até mesmo se disserdes a esta montanha: 'Ergue-te e lança-te ao mar', isso acontecerá.

E tudo o que pedirdes com fé, em oração, vós o recebereis."
(Mt 21,21-22)

Jesus diz: "Peçais", então revele a sua necessidade a Ele e peça. Não tenha medo de pedir algo a Deus. "Buscai", então não se contente em ficar sem as promessas de Deus para sua vida. Não pare até alcançar o que procura. "Batei." Quem bate à porta sabe o que lá dentro se espera. Por quanto tempo eu devo bater? Até a porta se abrir.

Se a fé move montanhas, imagine o que a oração é capaz de fazer. A oração nos faz dizer "Tudo posso naquele que me fortalece" (Fl 4,13). Você pode repetir com fé estas frases:

- Tudo posso por meio da oração.
- Nada é impossível para quem ora.
- Se eu orar, tudo alcançarei.

Só não alcançaremos o que pedimos em oração se pedirmos algo que não seja bom para nós. Não sabendo orar como convém, corremos o risco de pedir coisas inúteis ou nocivas à nossa vida. Reflita um pouco agora: você realmente precisa do que está pedindo a Deus em oração?

Se esses versículos nos mostram Jesus falar sobre a perseverança na oração, é para afirmar ainda mais que Deus, Pai de bondade, quer nos dar coisas boas. A perseverança da oração é importante, mas esse texto nos fala ainda mais da bondade de Deus.

Sua oração, mesmo que feita muito insistentemente, não irrita a Deus. Pelo contrário, é isso que Ele quer. Que você insista, que você não pare. O que você tanto pede a Deus em oração lhe será concedido. Você crê nisso?

Deus se alegra com a sua oração. Ele é um Pai que sempre escuta seus filhos. De pouco em pouco, ore sem parar, até chegar a ponto de estar em tamanha união com Deus que sua oração será sempre carregada de uma súplica muito profunda: "Seja feita a tua vontade".

Seu "limite" é não orar. Se você orar, será mais forte, pois a força de Deus estará em você. A força do homem vem da oração. Todo o seu poder é oração. Já imaginou quantas maravilhas você perdeu na vida por não ter orado como deveria?

Você poderia ter evitado muitos males se tivesse orado mais. Você não é fraco, apenas não está orando como o Senhor pede. Antes de você dizer que não tem mais forças na vida, eu pergunto: você tem orado?

Cai na vida quem não "cai" em oração. Quem se ajoelha diante de Deus tudo pode realizar. Sua vida se faz de joelhos. Ir longe não é caminhar muito, é rezar muito. Não é colocar-se de pé e andar, é ajoelhar-se e rezar.

Vamos rezar juntos?

Senhor, eu sei que a oração que te agrada é a oração perseverante. Eu venho te pedir forças para nunca parar e não desistir, não me deixar levar pelo cansaço e jamais desistir de orar. Sei que os que confiam no Senhor revigoram as suas forças. Ao te encontrar, quero estar com o fogo aceso, cheio do Espírito Santo. Para isso, necessito de uma oração firme, persistente e, acima disso, perseverante. A oração que te agrada é a oração perseverante, que não para de orar e insiste até o fim naquilo que almeja. Por isso, te peço pela intercessão da Bem-Aventurada Virgem Maria para que eu saiba orar e permanecer em oração por todos os dias da minha vida.

**A gratidão é a alma
da oração.**

ORAÇÃO DE AGRADECIMENTO

Para falar da oração de gratidão, quero que primeiro você reze o texto de Lucas 17,11-19:

> "Como ele se encaminhasse para Jerusalém, passava através da Samaria e da Galileia. Ao entrar num povoado, dez leprosos vieram-lhe ao encontro. Pararam à distância e clamaram: 'Jesus, Mestre, tem compaixão de nós!' Vendo-os, ele lhes disse: 'Ide *mostrar-vos aos sacerdotes*'. E aconteceu que, enquanto iam, ficaram purificados. Um dentre eles, vendo-se curado, voltou atrás, glorificando a Deus em alta voz, e lançou-se aos pés de Jesus com o rosto por terra, agradecendo-lhe. Pois bem, era um samaritano. Tomando a palavra, Jesus lhe disse: 'Os dez não ficaram purificados? Onde estão os outros nove? Não houve, acaso, quem voltasse para dar glória a Deus senão este estrangeiro?' Em seguida, disse-lhe: 'Levanta-te e vai; a tua fé te salvou'".

No tempo de Jesus, as leis acerca da lepra eram muito severas e complicadas. Entre os que foram curados por Jesus, nove eram judeus e um, estrangeiro. Depois de se verem curados por Jesus, os judeus esqueceram o dom da gratidão e só pensaram em cumprir o que estava escrito na lei. O único que estava livre daquelas leis era o samaritano, e por isso foi o único a voltar para agradecer a Jesus. Ele se torna o exemplo de gratidão que devemos ter para com Deus. Não importa o que deve ser feito; antes de mais nada, devemos correr até Jesus para agradecê-lo. Somente quem está disposto a agradecer está aberto a receber a salvação que Jesus opera.

Aqueles dez homens estavam doentes e se reconheciam necessitados da cura, pararam diante de Jesus e oraram. Sim, às vezes a oração que fazemos a Jesus vem na forma de desespero, de grito, de angústia. E isso eles fizeram. Jesus estava passando, e eles tinham uma única oportunidade de falar com Ele. Não podiam deixar Jesus passar. Na vida de oração é assim: às vezes Deus passa um pouco longe para que gritemos por Ele. O desejo de receber algo de Deus nos faz levantar a voz.

E aqueles dez homens gritaram: "Jesus, Mestre, tem compaixão de nós". Num primeiro momento, todos oraram, pediram a Jesus a cura. A oração nem sempre precisa ser longa, mas sempre precisa ser verdadeira. Essa oração veio em uma única frase. É que naquela frase havia uma vida inteira, ou melhor, havia dez vidas. A oração deve conter a nossa vida, ser expressão do que vivemos, do que experimentamos.

Se você prestou atenção no texto, verá que eles oraram à distância. Eram indignos de chegar perto de qualquer pessoa, principalmente perto de Jesus. Mas esses homens não esperaram ficar purificados para orar. Eles oraram até ficar purificados. Não devemos nos afastar de Deus porque nos encontramos impuros; devemos orar até que ele nos purifique.

Não espere ficar digno de Deus para começar a orar. Dignos nunca seremos. A oração nos faz menos indignos. Não sei qual a distância que você hoje tem de Deus; o que sei é que você pode gritar por Ele. Deus escuta a sua voz. Deus está à espera do seu pedido de socorro. Deus está pronto para te socorrer. Ore.

Os dez homens sentiam necessidade de pedir. Mas apenas um foi além e também sentiu a necessidade de agradecer. Foi o único que teve fé em Jesus e se abriu para a graça. Após o milagre, aquele estrangeiro sentiu que ainda faltava algo. Ele ficou inquieto enquanto não se voltou a Jesus para agradecê-lo.

A gratidão deve ser uma necessidade em nosso coração. Devemos sentir o dever de agradecer a Deus por todos os benefícios que nos são concedidos.

Quando precisamos de Deus, nos sentimos vazios, necessitados, e, quando Deus nos atende, nos enchemos de vaidade e orgulho e nos julgamos cheios. Cheios de nós mesmos, vazios de sentido. É o lembrar de Deus somente na precisão. Não permita que isso aconteça na sua vida. Não se recorde do Senhor somente quando precisar dele. Pelo contrário, devemos orar sem cessar. Orar para pedir, e orar para agradecer. E o verdadeiro agradecimento, por vezes, acontece quando nem sequer somos atendidos como gostaríamos. Deus sabe o que é melhor para nós.

Agradeça a Deus por tudo o que recebeu, e por aquilo que não alcançou. Somos feitos do que somos e do que está ausente. A gratidão deve vir por isso.

Agradecer a Deus quando tudo é favorável é fácil. O grande salto é agradecer quando tudo é desfavorável. Eu compreendi isso em um belo dia, participando de um retiro espiritual. Deus falou comigo em uma ausência, e não na presença. Um dos jovens que estavam realizando o retiro, com muita sede, pegou um copo e foi ao bebedouro para buscar água. Ao chegar ao bebedouro, não encontrou a água que tanto desejava, olhou para o céu e disse: "Obrigado, meu Deus, porque aqui não tem água".

Aquilo me inquietou muito naquele retiro. Como pode alguém agradecer por algo que não alcançou? E naquele mesmo retiro Deus me respondeu que a gratidão não é por aquilo que recebemos ou deixamos de receber, mas por saber que Deus está cuidando de todas as nossas necessidades, e na hora certa nos dará o que realmente precisamos.

Isso é orar com gratidão, saber-se cuidado por Deus, deixar que ele cure nossas lepras, toque as nossas feridas, abra o nosso coração para a graça e nos santifique. É preciso ir além do que vemos, e enxergar pela fé.

Aqueles dez homens tiveram a oportunidade de ter um encontro com Jesus, mas nove deles viram nele apenas a oportunidade de terem seus pedidos alcançados. Somente um teve o desejo de agradecer ao Senhor. Para muitas pessoas, a oração não passa de um desejo secreto de obter favores de Deus.

Não olhe para Deus apenas como alguém que pode te curar, te dar o que você precisa. Veja-o como o Deus amoroso que quer ter intimidade contigo através da oração.

A gratidão a Deus deixa a vida mais suave e delicada, nos faz experimentar o que antes parecia impossível. Até nas coisas mais simples encontramos o agir de Deus. A gratidão deve ser o seu tesouro entregue para Deus.

A pessoa ingrata tem memória curta e esquece tudo o que Deus fez. Quem é grato jamais se esquece do Senhor. Temos uma dívida para com Deus, e a gratidão paga um pouco do que devemos. A gratidão te fará mais fiel ao Senhor. O ingrato é egoísta, individualista e ama apenas a si mesmo.

A oração deve ser feita a todo momento. Devemos orar antes, porque dependemos de Deus. Orar depois, porque precisamos agradecê-lo. Orar para estar sempre em comunhão com Ele, e não apenas quando dele precisarmos.

A gratidão é a alma da oração.

Vamos rezar juntos?

ORAÇÃO DE GRATIDÃO A DEUS

Eu venho a ti hoje, Meu Deus, para te agradecer por tudo o que tens feito em minha vida. Te agradeço por minha vida, pela vida da minha família, por meus amigos, por todos os benefícios que me tens concedido, por todos os dons, por tudo aquilo que está me fazendo crescer, na vida de santidade e graça. Te agradeço, Senhor, por todos os momentos em que estiveste comigo, e sei que nunca me abandonaste, nunca fiquei sem tua presença. Obrigado por testemunhar o teu amor. Obrigado por me curar quando eu estava enfermo, por teres me dado o perdão quando precisei, além de uma vida em abundância. Eu te louvo, te agradeço e te entrego a minha vida, tudo o que tenho e sou, para que a tua vontade seja realizada em mim, e que minhas obras te glorifiquem sem cessar.

Amém.

"**Senhor, salva-me!**"

Mateus 14,30

ORAÇÃO DE JESUS E SÃO PEDRO

"Logo em seguida, forçou os discípulos a embarcar e aguardá-lo na outra margem, até que ele despedisse as multidões. Tendo-as despedido, subiu ao monte, a fim de orar a sós. Ao chegar a tarde, estava ali, sozinho. O barco, porém, já estava a uma distância de muitos estádios da terra, agitado pelas ondas, pois o vento era contrário. Na quarta vigília da noite, ele dirigiu-se a eles, caminhando sobre o mar. Os discípulos, porém, vendo que caminhava sobre o mar, ficaram atemorizados e diziam: 'É um fantasma!'. E gritaram de medo. Mas Jesus lhes disse logo: 'Tende confiança, sou eu, não tenhais medo'. Pedro, interpelando-o, disse: 'Senhor, se és tu, manda que eu vá ao teu encontro sobre as águas'. E Jesus respondeu: 'Vem'. Descendo do barco, Pedro caminhou sobre as águas e foi ao encontro de Jesus. Mas, sentindo o vento, ficou com medo e, começando a afundar, gritou: 'Senhor, salva-me!'. Jesus estendeu a mão prontamente e o segurou, repreendendo-o: 'Homem fraco na fé, por que duvidaste?'. Assim que subiram ao barco, o vento amainou. Os que estavam no barco prostraram-se diante dele dizendo: 'Verdadeiramente, tu és o Filho de Deus!'" (Mt 14,22-33)

Antes de Jesus partir para os discípulos, ele orou. Jesus também orava, porque a oração é próprio do ser humano, é uma necessidade humana. Embora fosse Deus, também era homem e, na sua humanidade, rezava. A oração de Jesus revela a sua natureza humana.

Jesus estava sozinho; ele despediu as multidões e foi orar a sós. E nós, muitas vezes por uma falsa prudência humana, preferimos ficar com as pessoas a reservar um momento para Deus. Veja, Jesus despediu as multidões e, tarde da noite, foi rezar. Ele criou as condições para orar. Ele ficou sozinho. Devemos aprender a ficar a sós com Deus. Despedir as pessoas e convidar a Deus para ficar conosco.

Jesus sobe o monte para orar. Ele sobe o monte para ficar mais próximo do céu. Para bem rezar, precisamos encontrar um lugar que nos deixe mais perto de Deus, que favoreça o nosso momento de oração. Já dedicamos tão pouco tempo para estar com Deus, então temos que dar o nosso melhor na oração.

Despeça as multidões, suba o monte para orar, Deus te espera.

Deus está acima do monte, só te esperando subir para o encontro começar. A vida de oração é sempre um marcar encontros com Deus. Orar é encontrar-se com Deus. É estar em sua presença. E desejar não sair mais. Orar é se colocar na presença de Deus e não sair mais.

Os discípulos, a pedido de Jesus, foram à frente, e, quando a barca se encontrava longe de Jesus, começou a se agitar. A vida espiritual nos ensina que se, nos afastamos de Jesus, tudo se agita. A tempestade nos revela a distância a que estamos de Deus, ao mesmo tempo que nos revela que Ele quer nos salvar.

Era noite, por volta das três horas da manhã, e os discípulos estavam no mar. A noite é um período de incertezas, você não consegue enxergar bem. Eles não esperavam encontrar Deus naquele momento, haviam deixado Jesus na margem e não esperavam o que estava por vir. Ao deixar Jesus distante, ninguém espera um milagre.

É durante a noite que nossos maiores tormentos aparecem. Quando o sol se põe, se levantam nossos fantasmas. E isso também aconteceu com os discípulos.

Orando também é assim: no findar do dia, aparecem nossos medos e nós pensamos em fugir da oração. E nem sempre precisa anoitecer; às vezes só precisamos nos colocar em oração e os fantasmas aparecem. Os fantasmas indicam onde precisamos ser curados.

Quando nada mais favorece a oração, é o tempo que você mais deve dedicar a Deus. O momento em que ninguém quer rezar te reserva um encontro com o Senhor. O evangelho narra a condição difícil, mas vitoriosa, do cristão. Não importam as condições: se você orar, também sairá vitorioso.

> NÃO IMPORTAM AS CONDIÇÕES:
> SE VOCÊ ORAR, TAMBÉM SAIRÁ VITORIOSO.

As ondas estavam agitadas, e Jesus, mesmo assim, começou a caminhar pelas águas. Veja que lindo isto: nas ondas agitadas da vida, temos um Deus que caminha sobre a água tranquilamente. Não tenha medo das ondas, Deus caminha por elas. Só não pare de orar.

Ao verem Jesus caminhando sobre as águas, os discípulos não o reconheceram e começaram a gritar de medo. Geralmente o medo vem quando não conhecemos a Deus, impedindo-nos de reconhecê-lo. O medo nos impede de reconhecer Deus.

Pare de se questionar tanto sobre se sua oração é ouvida ou não. Se Deus está com você ou não. Apenas ore e confie. O medo faz Deus se colocar à sua frente e mesmo assim você não o conhece. O medo é um paralisador de almas. O medo paralisa orações. Quem se perde no medo corre o risco de parar de rezar. O inimigo às vezes te faz sentir medo para que você não ore, e às vezes Deus te permite ter medo para que você confie mais, aumente a sua fé.

Jesus diz: "Coragem! Sou eu. Não tenhais medo". O que ele disse aos apóstolos agora diz para você. Coragem, não tenha medo. Não pare de confiar, não pare de rezar. É Deus que está próximo de você e você fugindo dele. Pare de fugir.

Aqui começa a oração de Pedro, que sempre foi muito sincero em tudo o que dizia. A oração também precisa de sinceridade. Pedro estava com dúvidas e disse: "Senhor, se és tu, manda que eu vá ao teu encontro sobre as águas". Pedro não somente pediu algo que sanasse a sua dúvida como também algo impossível para ele. É impossível para o homem caminhar sobre as águas. E mesmo assim Pedro pediu. Ele sabia que, se realmente fosse Jesus, ele caminharia.

Deus ama quando pedimos aquilo que é impossível a nós. A regra sempre foi fazer o que é possível e pedir o impossível a Deus. Deus ama isso. Ele é conhecido como o Deus do impossível.

Pedro pediu o impossível e foi atendido. Mesmo com medo, ele orou, e seu medo, por um instante, se desfez.

Jesus, olhando para Pedro, disse: "Vem!". E Pedro começou a andar sobre a água. Olhando para Jesus, ele andou sobre o mar. Quando os olhos estão em Jesus, tudo podemos alcançar. Quando os olhos estão fitos no Senhor, nada é impossível. Ao orar, coloque seus olhos no Senhor fixamente e não os retire dele. Deus quer ser olhado por você. A oração é um encontro de olhares. A oração é o encontro entre o seu olhar para Deus e o olhar de Deus para você.

Enquanto Pedro olhava para Jesus, experimentava o impossível. No entanto, Jesus queria que Pedro aumentasse a sua fé e permitiu que ele sentisse o vento mais uma vez. Nisso, Pedro tirou os olhos de Jesus, olhou para o que o assustava e começou a afundar.

Se parar de olhar para Deus a fim de olhar para o que te assusta, você também vai afundar. Olhe para Jesus, mesmo com medo. Olhe para Jesus, mesmo na tempestade. Olhe para Jesus, mesmo na ventania. Olhe para Jesus e não retire o olhar. Nada vai lhe acontecer se você permanecer confiando no amor do Todo-Poderoso.

Orar é permanecer com o olhar fixo em Jesus ainda que nada seja dito. Existe a oração apenas do olhar.

OLHE PARA JESUS E NÃO RETIRE O OLHAR. NADA VAI LHE ACONTECER SE VOCÊ PERMANECER CONFIANDO NO AMOR DO TODO-PODEROSO.

Quando Pedro começou a afundar, veio a oração mais profunda e bonita. "Senhor, salva-me!". Uma oração curta, mas de um coração angustiado. Uma oração pequena, mas verdadeira. No momento do perigo, ele orou e foi atendido. Orações precisam sempre de verdade. Ao orar, não fique preocupado apenas em agradar a Deus com suas palavras; preocupe-se em abrir o coração. Deus quer a sua verdade.

Ao ouvir a oração clamando por socorro, Jesus logo segurou a mão de Pedro. É isso: quando oramos, Deus segura a nossa mão. Orar é estar de mãos dadas com Deus, é receber o socorro divino. E, de mãos dadas com o Senhor que o reconduziu à barca, Pedro viu o mar se acalmar.

Todo o mar será calmo quando, ao orar, ficarmos de mãos dadas com Jesus, deixando que Ele nos conduza.

Vamos rezar juntos?

Meu Deus, estou passando por uma tempestade que dia e noite me atormenta. Estou angustiado, preso ao meu medo, e nem sequer consigo me mover. O medo me paralisou. Eu venho hoje te pedir que toda essa tempestade seja acalmada e eu seja liberto do medo. Aumenta minha fé, Jesus, para que eu confie em ti e assim alcance a libertação para mim e por todos os meus.

Amém.

"Filho, eis a tua Mãe."

João 19,27

MARIA É NOSSA MÃE

Quando for orar, recorde-se de que tem uma mãe e ore ao Pai por ela. Quem ora por meio de Maria tem a plena certeza de que foi ouvido. Nunca se ouviu dizer que nenhum daqueles que tenha recorrido à proteção de Nossa Senhora, implorado a sua clemência e reclamado o seu socorro, tenha sido desamparado.

Maria é uma mãe que nunca se esquece de seus filhos. Está sempre com eles, intercedendo e protegendo. Assim como encontramos em Isaías: "Por acaso uma mulher se esquecerá da sua criancinha de peito? Não se compadecerá ela do filho do seu ventre? Ainda que as mulheres se esquecessem eu não me esqueceria de ti" (Is 49,15). Maria jamais nos esquece ou esquecerá. Conhece a cada um de seus filhos e ora por todos.

Sim, Maria é sua e nossa mãe. Não tenha medo de chamar Maria de mãe. Invoque-a sempre com esse título. Ela é verdadeiramente a nossa mãe. Embora não nos tenha gerado na carne, é mãe de nossas almas.

Os nossos primeiros pais, Adão e Eva, deixaram para nós, como herança, o pecado, e por causa do pecado a morte também entrou no mundo. O nosso Salvador, Jesus Cristo, veio para nos devolver a verdadeira vida. Ele mesmo disse: "Eu vim para que tenham vida e a tenham em abundância" (Jo 10,10).

Uma vida que nos foi doada na cruz, vida que veio da vida divina. Uma vida em abundância como o próprio Senhor nos disse. Abundância, pois a vida que Ele nos dá é muito maior do que a que foi perdida por causa do pecado de Adão. Com isso, Jesus tornou-se nosso pai, porque nos gerou para uma vida nova, e Maria é nossa mãe, porque foi por ela que Cristo veio ao mundo para nos salvar.

A maternidade de Maria começa quando ela dá o seu sim ao anjo Gabriel. No sim de Maria encontramos o início da salvação: não somente Cristo começa a ser gerado como nós também iniciamos a nossa geração na Santíssima Mãe. Naquele momento, o sim de Nossa Senhora foi para nós causa de eterna alegria.

A sua vida passou pela vida de Maria; foi por ela que o Salvador entrou no mundo. Foi no sim de Maria que tudo foi restaurado. Por isso ela é mãe.

Maria não teve outros filhos além de Jesus. Sabemos que aqueles que a Sagrada Escritura cita como irmãos de Jesus eram na verdade parentes próximos. No entanto, além de ser nossa mãe por ter dado a vida ao autor da vida, ela é mãe na fé. Somos seus filhos espirituais.

Então, como Jesus pode ser chamado de primogênito se Maria não teve outros filhos além de Nosso Senhor? Jesus é o primogênito não porque Maria teve outros filhos; Ele é o primogênito entre muitos irmãos. Por natureza, ele é Único, mas a todos nós associou a si por graça para que fôssemos um só corpo com Ele, conforme está escrito: "Mas a todos que o receberam deu o poder de se tornarem filhos de Deus" (Jo 1,12).

Ao nascer da Santíssima Virgem, e tornar-se Filho do homem, a muitos ele os fez filhos de Deus. Todos os que pertencem a Cristo se tornam filhos no Filho. Os que pertencem a Cristo se fizeram um com Ele, por regeneração divina.

Jesus é o Filho único de Deus e de uma única mãe, a Virgem Santa. As outras pessoas que seguem a Cristo são filhos, nesse único Filho. Vários filhos e, ao mesmo tempo, um único Filho. Assim, Maria é mãe de um único Filho por natureza, e mãe de uma infinidade de pessoas, por fé e graça.

Maria deu à luz o Cristo total, cabeça e membros. Cristo é a cabeça da Igreja, que é seu corpo. No Espírito Santo Maria gerou Jesus, e no mesmo Espírito continua a nos gerar para uma vida nova. Eis o motivo de ela ser mãe.

Posso ainda falar de outra geração de Nossa Senhora. Aquela que nos gera na graça. Por nossa causa e para a nossa salvação, a mãe amantíssima entregou seu Único Filho na cruz para nos salvar. Maria estava ao lado da cruz de Jesus e sofreu tudo com ela. O profeta havia anunciado que uma espada de dor transpassaria a sua alma, conforme Lucas 2,35. Essa espada era a lança que perfurou Jesus.

Jesus era a alma de Maria. Todo o amor de Maria era seu filho, e mesmo assim ela sofreu tudo, em pé, por nossa causa, para que fôssemos salvos. Em nenhum momento ela orou pedindo que aquele plano não acontecesse, ou que Jesus desistisse da sua missão. A Santíssima Mãe desejou participar do plano de salvação, e cooperou para a nossa salvação. Ela apenas confiou em Deus, nos amando, e teve forças para ir até o fim.

Se Deus um dia concedesse à humanidade experimentar uma pequena fagulha da dor que Nossa Senhora sentiu na cruz, todos morreriam. Foi grande a dor, porque ela muito ama seu filho por natureza e seus filhos por graça. Na cruz, Jesus nos regenerou e nos fez filhos seus e de Nossa Senhora, por isso, naquele momento, ele disse: "Filho, eis a tua mãe".

Eu desejo que agora você ore com estes versículos:

"Perto da cruz de Jesus, permaneciam de pé sua mãe, a irmã de sua mãe, Maria, mulher de Clopas, e Maria Madalena. Jesus, então, vendo a mãe e, perto dela, o discípulo a quem amava, disse à sua mãe: 'Mulher, eis teu filho!'. Depois disse ao discípulo: 'Eis a tua mãe!'. E a partir dessa hora, o discípulo a recebeu em sua casa." (Jo 19,25-27).

Agora continue a leitura. Observe que as palavras de Jesus não foram dirigidas a João; o texto não cita o seu nome. Jesus falou para o discípulo amado, que, naquele momento, representava toda a humanidade. Maria é a mãe de todos aqueles a que Jesus ama. Quer queira, quer não, Maria é mãe de todos os filhos de Deus.

O amor a Nossa Senhor é a beleza de nossa alma. Deus nos eleva quando encontra em nós a Santa Mãe. Quem está perto de Maria nunca está longe de Deus. Alegrem-se todos que estão debaixo do manto de Nossa Senhora, sob a proteção de uma Mãe poderosa.

O inferno teme a Maria, pois ela é mais poderosa que todo o inferno. Jamais perderemos uma batalha contra Satanás se estivermos com Nossa Mãe. Quem tem Maria por mãe nada teme.

Proclame com toda a alegria e força esta verdade: a mãe de Deus é minha mãe.

Só entra no céu quem tem Maria por mãe. Nós somos filhos de Nossa Senhora, somos filhos do céu. Somos herdeiros da glória. Em Mateus 18,3 está escrito: "'Em verdade vos digo que, se não vos converterdes e não vos tornardes como as crianças, de modo algum entrareis no Reino dos Céus'". A pergunta que eu deixo é: por que como as crianças? E a resposta é: porque, em qualquer circunstância, as crianças chamam pela mãe. Quem orar por sua mãe jamais se decepcionará.

VAMOS REZAR JUNTOS?

ORAÇÃO DE NOSSA SENHORA DAS CAUSAS IMPOSSÍVEIS

Ó incomparável Senhora dos impossíveis, Mãe de Deus, Rainha dos anjos, Advogada dos pecadores, Refúgio e Consolação dos aflitos, livrai-nos de tudo o que possa ofender-vos e ao vosso Santíssimo Filho, meu Redentor e querido Jesus Cristo.

Virgem bendita, dai proteção a mim e à minha família...

(Diga os nomes e a sua intenção)

Livrando-nos de todos os males, da maledicência e do egoísmo.

Soberana Senhora, dirige-nos em todos os negócios espirituais e temporais. Livrai-nos das tentações do demônio para que, trilhando o caminho da virtude, pelos merecimentos de vossa puríssima Virgindade e o preciosíssimo sangue de vosso Filho, possamos ver, amar e gozar da eterna glória, por todos os séculos.

Amém.

> "[...] e achava-se ali a mãe de Jesus."
>
> João 2,1

A VIDA DE ORAÇÃO PRECISA DE MARIA PARA O VINHO NÃO ACABAR

Nas páginas do Evangelho de São João, capítulo 2, encontramos o famoso milagre das bodas de Caná. O amor de Jesus é manifestado, e Ele realiza o seu primeiro sinal no evangelho joanino. A água é transformada em vinho. Mas esse sinal só acontece por causa da presença de Nossa Senhora naquela festa. O milagre que você espera também pode vir pela intercessão de Maria.

Por meio desse episódio, começamos a compreender quem é a Santíssima Virgem Maria e qual a sua missão em nossas vidas.

Quando o evangelista escreve essa passagem, começa dizendo que houve um casamento em Caná da Galileia e depois logo diz que a Mãe de Jesus estava presente. Parece que o destaque vem logo para Nossa Senhora. E só depois ele fala de Jesus: "Jesus também estava lá".

As pessoas que estavam presentes naquele casamento deveriam ser íntimas. Maria estava presente não como uma simples convidada, mas como uma amiga. No casamento ela estava para ajudar nas necessidades.

Naquele tempo, segundo os costumes, as festas de casamento duravam oito dias, bem distinto de como é feito nos dias atuais. Para a festa de casamento, as pessoas vinham de longe e passavam dias hospedadas na casa dos noivos, que eram responsáveis por cuidar dos seus convidados.

Passados alguns dias, o vinho veio a faltar, e toda aquela tranquilidade da família, e a alegria que os envolvia, estava ameaçada; o risco era grande. O que poderia ser o momento mais lindo de uma família, o casamento e tudo o que o envolve, gerando boas recordações, poderia ter se tornado o pior momento da vida do casal.

O vinho talvez fosse o que de melhor eles poderiam oferecer aos convidados. Sem vinho, a festa poderia ter o seu findar. Eles seriam obrigados a despedir mais cedo os seus convidados para que pudessem retornar para casa.

E é exatamente aqui que aparece o grande destaque e função de Maria. É ela que percebe a necessidade daquela casa.

Nossa Senhora é uma mãe atenta que percebe as dificuldades do seu lar, e apresenta todas as dificuldades para aquele que as pode resolver.

> NOSSA SENHORA É UMA MÃE ATENTA
> QUE PERCEBE AS DIFICULDADES DO SEU LAR,
> E APRESENTA TODAS AS DIFICULDADES
> PARA AQUELE QUE AS PODE RESOLVER.

Foi Maria que percebeu os problemas daquela família e os levou até Jesus. Ela tem um coração atento às necessidades dos seus filhos. Mesmo Deus tudo sabendo e podendo realizar, quis contar conosco. Colocar pessoas no caminho para nos auxiliar. Por isso, colocou Maria em nossas vidas, para que ela seja para nós um instrumento de salvação. Ela participa do projeto de salvação de Deus.

O amor a Nossa Senhora é uma realidade que abraça toda a humanidade, porque Jesus veio através dela. É a única que pode chamar Deus de seu Filho.

Nas bodas de Caná, o Senhor poderia ter feito o milagre de outra maneira, mas quis contar com ela. Para a sua salvação e da sua família, Deus também conta com a presença de Nossa Senhora em seu lar. Ela vai lhe ajudar a orar e a cuidar de suas necessidades.

Maria é muito mais do que uma intercessora; ela tem um papel salvífico. Ela salvou aquela festa apresentando os problemas para Jesus. Ela pode também atuar na sua salvação.

Ore por ela. Peça a intercessão e proteção de Nossa Senhora. Se orar por ela, você será atendido. Ela consegue ver o que ninguém ainda viu. Ela sabe do que você precisa.

Os noivos no casamento não tinham visto que o vinho estava acabando. O mestre-sala que era responsável pelo banquete também não tinha notado. Foi Maria que enxergou a necessidade daquela festa. Maria também sabe do que você precisa. Ao orar, não sabemos o que nem como pedir. Maria sabe. Peça por ela.

Quando for iniciar a sua oração, após fazer o sinal da cruz, ore assim:

Senhora Rainha, Maria minha Mãe.
Eu não sei o que orar, o que pedir neste momento,
mas a Senhora que está comigo e conhece as
minhas necessidades pode me ajudar.

Confio no seu olhar de Mãe, eu recorro
ao seu amor e à sua proteção, eu me coloco debaixo
do seu manto. Me ajude a orar.

ORE POR ELA. PEÇA A INTERCESSÃO E
PROTEÇÃO DE NOSSA SENHORA. SE ORAR
POR ELA, VOCÊ SERÁ ATENDIDO.
ELA CONSEGUE VER O QUE NINGUÉM AINDA
VIU. ELA SABE DO QUE VOCÊ PRECISA.

Desde o princípio, os cristãos oram por Maria e pedem a sua intercessão. Já no século II ou III encontramos uma oração a Nossa Senhora. O nome dessa oração é "Sob a Vossa Proteção". Reze comigo:

SOB A VOSSA PROTEÇÃO
À vossa proteção recorremos, Santa Mãe de Deus.
Não desprezeis as nossas súplicas em nossas necessidades,
mas livrai-nos sempre de todos os perigos,
ó Virgem gloriosa e bendita.

Desde os primeiros séculos, as orações católicas já passavam por Maria. A devoção a Nossa Senhora é tão antiga quanto a Igreja. Os fiéis sempre se colocaram debaixo da proteção da Virgem Santíssima. Filhos que sempre confiaram em sua mãe em todas as necessidades. Mesmo quando não sabiam do que precisavam, ela sabia. Quando não encontravam a solução, ela encontrava. Quando o mar estava agitado, ela devolvia a tranquilidade.

O católico, desde sempre, se refugia na Santa Mãe de Deus. E sempre haverá de se colocar debaixo do manto sagrado de Nossa Senhora. Ela é nosso refúgio, nossa proteção, nosso lar. Moramos no coração terno da Mãe que tanto nos ama e trabalha para a nossa salvação. Somos tal qual crianças que, em qualquer circunstância da vida, gritam por socorro para aquela que sempre está pronta para nos socorrer. Ela tem o poder de nos proteger.

A proteção de Maria é uma expressão do amor de Deus. Ele é o nosso maior protetor, aquele que conhece as nossas necessidades, que tem compaixão de nós. No entanto, Ele, para nos amar ainda mais e nos dar proteção maternal, colocou Maria nos planos da salvação e a fez conhecer todas as nossas necessidades. Ela conhece você, mesmo que você ainda não tenha intimidade com ela. Experimente se entregar à sua Mãe e verá quão poderosa ela é. Ore por meio de Maria. Ela é um canal de graças.

Somos amados por dois grandes corações. O coração de um Deus Todo-Poderoso e o coração Imaculado de uma mãe que só sabe amar. Isso nos possibilita uma entrega total, sem medo ou reservas. Esse evangelho nos ensina como Maria age para a nossa salvação e como você pode confiar nessa Mãe.

Na sua vida existem necessidades que você não enxerga, mas ela pode ver. Se você tiver um amor de entrega, confiando tudo nas mãos benditas de Maria, encontrará proteção. Ela é nosso refúgio, nossa proteção, ela é o nosso esconderijo.

Fale com Nossa Senhora agora, revele o que está passando na sua vida, as dificuldades que está enfrentando, o que te impede de dormir, o que causa ansiedade. Abra seu coração.

Ela sabe do que você precisa, mas quer que você fale com ela. Peça o amparo de Maria. Grite por sua mãe.

Assim como nas bodas de Caná, coloque Nossa Senhora na sua casa. Deixe-a tomar conta. Se você der abertura, vai chegar o momento no qual, sem dizer nada, ela tomará a iniciativa de interceder pelo seu lar, quando o vinho vier a faltar.

> ABRA SEU CORAÇÃO. ELA SABE DO QUE VOCÊ PRECISA, MAS QUER QUE VOCÊ FALE COM ELA. PEÇA O AMPARO DE MARIA. GRITE POR SUA MÃE.

Com Maria, o vinho novo acontecerá. Você poderá amar mais. A sua vida será transformada. Você chegará a Deus e nunca mais se afastará. Nossa Senhora é um caminho para Deus. Um caminho de santidade e intimidade com o Senhor. Quem vai a Maria chega a Jesus.

Seria impossível falar de oração sem falar de Nossa Senhora. Depois de Jesus, ela é o nosso maior modelo de oração. Não somente nos ensina a orar, porque era uma mulher de constante oração, mas porque, através da sua oração, nós somos alcançados por Deus. Ela intercede por nós para que sejamos salvos.

Somos devotos de Nossa Senhora porque queremos nos entregar inteiramente a Jesus, que é o fim último da devoção mariana. Somos devotos porque queremos pertencer a Deus. Nós vamos a Deus por um caminho chamado Maria. Foi isso que vimos nas bodas de Caná. Depois de tudo o que Nossa Senhora fez e do milagre realizado por Jesus, os discípulos creram em Jesus: "Esse princípio dos sinais, Jesus o fez em Caná da Galileia e manifestou a sua glória e os seus discípulos creram nele" (Jo 2,11).

Nossa Senhora está sempre com Deus; as imagens mais completas de Nossa Senhora sempre estão com o menino Jesus. Não há como pensar em Deus e não pensar em Maria. Maria tem um coração cheio de humildade, e com essa humildade ela conquistou o coração do Senhor. Os planos de Deus precisavam de Maria para serem concretizados.

Os discípulos creram em Jesus, mas quem intercedeu foi Maria. Foi ela quem percebeu que eles não tinham mais vinho. Foi ela que intercedeu pela necessidade daquele casal. Ela pede a Jesus que supra a nossa necessidade, e não a sua própria. Foi ela que olhou para os noivos e viu do que eles precisavam, percebendo a situação. Maria tem algo especial que só ela possui. Algo que só a Mãe de Deus tem.

Nossa Senhora, nas bodas de Caná, provocou o milagre, e ela quer fazer o mesmo na sua vida também. Ela pode antecipar o milagre que você espera e ainda não alcançou.

Na vida de muitas pessoas, o primeiro passo na direção de Deus foi um passo em direção à Maria.

Nas bodas de Caná, Maria não era uma simples convidada; que na sua vida ela também não seja uma simples convidada, mas, sim, uma pessoa íntima; que ela esteja sempre presente para te ajudar em suas necessidades.

A presença de Jesus salvou aquele casamento, mas porque Maria estava lá. A sua vida será salva por Deus se Maria estiver presente. Faça como o discípulo amado e leve Nossa Senhora para sua casa.

Nossa Senhora vai te ajudar até mesmo a rezar. Sabemos que a vida de oração começa no entusiasmo e na alegria, e o vinho é símbolo dessa alegria e amor. Com o passar do tempo, dos dias e anos, porém, se você não tiver Maria, o vinho pode vir a faltar, e o sentimento pode ir se consumindo até chegar a ponto de se exaurir. Sem Maria, todo o sentimento por Deus e a oração podem virar pó.

Sem Maria, a vida de oração se desgasta e acaba por desabar em tristeza e desgosto, sem nada mais a oferecer, a não ser o cansaço, a frieza e muitas vezes a própria desilusão. A sua vida de oração fica como talhas cheias de água e nada mais. O vinho, que antes existia, se esgota.

O remédio é este: sempre convidar Jesus e Maria para estar em sua casa. Ela poderá lhe socorrer quando tudo enfraquecer, quando acabar o entusiasmo, quando o amor se esgotar. E Jesus, após o pedido de sua Mãe, lhe dará o milagre.

Por que precisamos ser devotos de Maria na vida de oração?

Para o vinho nunca acabar.

Vamos rezar juntos?

RAINHA DOS ANJOS

Augusta Rainha dos céus e Senhora dos anjos, que recebestes de Deus o poder e a missão de esmagar a cabeça de Satanás, nós vos pedimos humildemente: Enviai as legiões celestes, para que, sob as vossas ordens, elas persigam os demônios, combatam-nos em toda a parte, reprimam a sua audácia e os precipitem no abismo. Quem é como Deus? Santos anjos e arcanjos, protegei-nos, defendei-nos! Ó boa e terna Mãe, vós sereis sempre o nosso amor e a nossa esperança! Ó divina Mãe, enviai os vossos anjos para que nos defendam e afastem de nós o cruel inimigo!

Amém.

CONCLUSÃO E CONSAGRAÇÃO DA OBRA A NOSSA SENHORA

Muitas coisas ainda poderiam ser ditas acerca da oração. É um assunto que, por mais que se fale, jamais se esgotará. Minha intenção não era fazer um tratado sobre a oração, mas apenas refletir sobre esse tema e despertar no coração de todos aqueles que tiverem contato com a obra o desejo de rezar.

O que foi escrito neste livro é o básico para o início de uma vida de oração que todos nós precisamos ter. Não sou um doutor da oração como Santo Afonso Maria de Ligório, mas apenas uma pessoa que descobriu na oração uma vida nova e que agora quer transmitir essa vida a inúmeras outras pessoas, a partir dos Evangelhos e da doutrina da Igreja Católica. Orar e falar de oração faz parte de quem sou. Sou feito pelas orações que realizo.

A oração é o caminho que nos leva até Deus, e sem ela seremos incapazes de tocar o céu. É por meio da oração que o Senhor vem nos socorrer em todas as nossas adversidades. Orar é uma necessidade de todo ser humano, tanto para estar em comunhão com Deus e receber uma vida nova quanto para enfrentar todas as adversidades da vida.

Além disso, a oração é um dos maiores dons concedidos por Deus para a humanidade. O seu grande dom é orar. A sua arma contra os inimigos é a oração. O remédio na luta contra o pecado é a oração. A vitória nas batalhas é a oração. O milagre que você ainda não alcançou está na oração que ainda não fez.

Jesus é o mestre da oração. Fique com Ele e, assim como os Apóstolos, peça que Ele te ensine a orar.

Espero que, depois de ter lido esta obra, você possa sempre reservar um tempo parar estar com Deus em oração e levá-lo a todos os momentos de sua vida. Após a sua oração, peço que você divulgue a obra para outras pessoas, para que elas também recebam o convite de Deus que a todo momento olha para nós e diz: vamos rezar juntos?

Esta obra é consagrada a Nossa Senhora e a seu Filho, Jesus.

> **Vamos rezar juntos?**

CONSAGRAÇÃO A NOSSA SENHORA

Ó Senhora minha, ó minha Mãe,
eu me ofereço todo(a) a vós,
e, em prova da minha devoção para convosco,
vos consagro neste dia e para sempre
os meus olhos, os meus ouvidos,
a minha boca, o meu coração e inteiramente todo o meu ser.
E porque assim sou vosso(a),
Ó incomparável Mãe,
guardai-me e defendei-me como propriedade vossa.
Lembrai-vos que vos pertenço, terna Mãe, Senhora nossa.
Ah, guardai-me e defendei-me como coisa própria vossa.
Amém.

VAMOS REZAR JUNTOS?

Dia 1 _____
_____
_____

Agradecer por: _____
_____

Interceder por: _____
_____

Dia 2 _____
_____
_____

Agradecer por: _____
_____

Interceder por: _____
_____

Dia 3 _____
_____
_____

Agradecer por: _____
_____

Interceder por: _____
_____

Dia 4 _____
_____
_____

Agradecer por: _____
_____

Interceder por: _____
_____

VAMOS REZAR JUNTOS?

Dia 5 _____
_____

Agradecer por: _____

Interceder por: _____
_____

Dia 6 _____
_____

Agradecer por: _____

Interceder por: _____
_____

Dia 7 _____
_____

Agradecer por: _____

Interceder por: _____
_____

Dia 8 _____
_____

Agradecer por: _____

Interceder por: _____
_____

Vamos rezar juntos?

Dia 9 _____
_____
_____

Agradecer por: _____
_____

Interceder por: _____
_____

Dia 10 _____
_____
_____

Agradecer por: _____
_____

Interceder por: _____
_____

Dia 11 _____
_____
_____

Agradecer por: _____
_____

Interceder por: _____
_____

Dia 12 _____
_____
_____

Agradecer por: _____
_____

Interceder por: _____
_____

Vamos rezar juntos?

Dia 13 _____
_____
_____

Agradecer por: _____
_____

Interceder por: _____
_____

Dia 14 _____
_____
_____

Agradecer por: _____
_____

Interceder por: _____
_____

Dia 15 _____
_____
_____

Agradecer por: _____
_____

Interceder por: _____
_____

Dia 16 _____
_____
_____

Agradecer por: _____
_____

Interceder por: _____
_____

Vamos rezar juntos?

Dia 17 _____
_____
_____

Agradecer por: _____
_____

Interceder por: _____
_____

Dia 18 _____
_____
_____

Agradecer por: _____
_____

Interceder por: _____
_____

Dia 19 _____
_____
_____

Agradecer por: _____
_____

Interceder por: _____
_____

Dia 20 _____
_____
_____

Agradecer por: _____
_____

Interceder por: _____
_____

VAMOS REZAR JUNTOS?

Dia 21 _____

_____

Agradecer por: _____

Interceder por: _____

Dia 22 _____

_____

Agradecer por: _____

Interceder por: _____

Dia 23 _____

_____

Agradecer por: _____

Interceder por: _____

Dia 24 _____

_____

Agradecer por: _____

Interceder por: _____

Vamos rezar juntos?

Dia 25 _____
_____

Agradecer por: _____
_____

Interceder por: _____
_____

Dia 26 _____
_____

Agradecer por: _____
_____

Interceder por: _____
_____

Dia 27 _____
_____

Agradecer por: _____
_____

Interceder por: _____
_____

Dia 28 _____
_____

Agradecer por: _____
_____

Interceder por: _____
_____

Vamos rezar juntos?

Dia 29 _____
_____

Agradecer por: _____

Interceder por: _____

Dia 30 _____
_____

Agradecer por: _____

Interceder por: _____

Dia 31 _____
_____

Agradecer por: _____

Interceder por: _____
_____
_____
_____
_____
_____

GRAÇA ALCANÇADA	DATA

**Acreditamos
nos livros**

Este livro foi composto em Fairfield LT Std
e impresso pela Gráfica Santa Marta para a
Editora Planeta do Brasil em fevereiro de 2021.